ELISABETH ELLIOT

O SOFRIMENTO
nunca é em vão

E46s Elliot, Elisabeth
O sofrimento nunca é em vão / Elisabeth Elliot ; [tradução: Vinicius Silva Pimentel]. – São José dos Campos, SP: Fiel, 2020.

Tradução de: Suffering is never for nothing.
Inclui referências bibliográficas.
ISBN 9788581327068 (brochura)
9788581326849 (epub)
9788581326856 (audio livro)

1. Sofrimento – Aspectos religiosos – Cristianismo. I. Título.

CDD: 242.4

O sofrimento nunca é em vão

Traduzido do original em inglês:
Suffering is never for nothing
Copyright © Elisabeth Elliot Gren

Publicado originalmente por
B&H Publishing Group
Nashville, Tennessee

■

Copyright © 2019 Editora Fiel
Primeira edição em português: 2020

Todas as citações bíblicas foram retiradas da versão Almeida Revista e Atualizada exceto quando informadas outras versões ao longo do texto.

Todos os direitos em língua portuguesa reservados por Editora Fiel da Missão Evangélica Literária
Proibida a reprodução deste livro por quaisquer meios sem a permissão escrita dos editores, salvo em breves citações, com indicação da fonte.

Diretor: Tiago J. Santos Filho
Editor-chefe: Vinicius Musselman
Editora: Renata do Espírito Santo T. Cavalcanti
Coordenação Gráfica: Gisele Lemes
Tradução: Vinicius Silva Pimentel
Revisão: Shirley Lima
Diagramação: Larissa Nunes Ferreira
Capa: Larissa Nunes Ferreira

ISBN: 978-85-8132-706-8 (impresso)
ISBN: 978-85-8132-684-9 (eBook)
ISBN: 978-85-8132-685-6 (audio livro)

Caixa Postal, 1601
CEP 12230-971
São José dos Campos-SP
PABX.: (12) 3919-9999
www.editorafiel.com.br

Sumário

Apresentação • 05

Prefácio • 09

Capítulo 1 • **A Terrível Verdade** • 15

Capítulo 2 • **A Mensagem** • 33

Capítulo 3 • **Aceitação** • 55

Capítulo 4 • **Gratidão** • 75

Capítulo 5 • **Oferta** • 95

Capítulo 6 • **Transfiguração** • 113

Apresentação

Por séculos, temos ouvido que o "sangue dos mártires é a semente da igreja"; e o sangue de Jim Elliot certamente transbordava do tinteiro no qual Elisabeth mergulhava sua pena. Ela nos legou uma revigorante *linguagem de mártir*, inspirando gerações de corajosos missionários a espalhar o evangelho em meio a tenebrosas florestas e desertos, além de grandes e pequenas cidades. Nós também somos inspiradas pela mesma mensagem que ela nos legou. Especialmente quando o sofrimento nos atinge de forma violenta.

Meu primeiro contato com Elisabeth Elliot foi em 1965, quando, no ensino médio, li seu livro *Através dos Por-*

tais do Esplendor.[1] Na ocasião, não imaginava que, logo após a graduação e um acidente de mergulho, eu própria passaria por aqueles vales sombrios acerca dos quais Elisabeth escrevera. Alguns anos depois, em 1976, quando eu e ela éramos palestrantes numa conferência no Canadá, nos conhecemos. Eu tinha apenas 26 anos, menos de uma década de experiência como tetraplégica e mal podia acreditar que estava dividindo a mesma tribuna com aquela santa de nossa época.

Certa noite, ela veio ao meu quarto de hotel. Elisabeth sentou-se na beirada de minha cama e, então, abrimos nossos corações e compartilhamos como Deus havia permanecido tão fiel conosco em meio a tanto sofrimento. Ambas estávamos de acordo com a ideia de que ninguém participa da alegria de Deus sem primeiro provar das aflições de seu Filho. E, antes de sair, ela sorriu e disse: "O sofrimento nunca é em vão, Joni". A frase soava bem *elisabetana* e eu achei que havia entendido seu significado. Afinal, nove anos de tetraplegia me haviam feito levar a sério o senhorio de Cristo em minha vida, refinando minha fé e despertando em mim um interesse mais profundo pela oração e pela Palavra.

Dois anos depois, cheguei a escrever sobre essas coisas num livro. Estava contente com minha lista de 35 boas razões bíblicas pelas quais Deus permite a aflição e o que você pode aprender com isso! Perguntei a Elisabeth se ela

---

1   Elisabeth Elliot, *Através dos Portais do Esplendor*. São Paulo: Vida Nova, 2015 (N.T.).

APRESENTAÇÃO

poderia redigir um endosso, e ela atendeu ao meu pedido. Porém, numa carta que acompanhava o endosso, ela confessava que, embora o livro fosse muito satisfatório, era um pouco técnico. Esse comentário me deixou arrasada. Foram necessários mais alguns anos de tetraplegia, além do surgimento de uma dor crônica, para me ajudar a ver que há mais coisas no sofrimento — muito mais — do que entender seu contexto e seus benefícios teológicos.

Elisabeth Elliot sabia que a maturidade, a alegria e o contentamento verdadeiros têm pouco a ver com um estudo mecânico do plano de Deus, e mais com ser impelida — às vezes, até mesmo arrastada — até o seio de seu Salvador. Não se trata de uma relação organizada e metódica, mas de uma luta intensa com o anjo do Senhor. Quando você é dizimada pela aflição, então consegue compreender a doutrina de Elisabeth: as respostas da Bíblia nunca devem estar divorciadas do Deus da Bíblia. Então, essa rica verdade me guiou por mais de cinquenta anos de paralisia, dor e câncer.

Nós somos revigoradas pelo modo de Elisabeth viver a vida cristã, sem conversa fiada e com a disposição de morrer por Cristo. Ela nos fez ver que estamos num ferrenho campo de batalha, no qual as forças mais poderosas do universo se reúnem para pelejar. E, com muita alegria, erguemo-nos e passamos a aceitar o desafio, totalmente energizadas pela visão exaltada que essa mulher notável tinha em relação à igreja. Sua vida e seus escritos são alimento e

O **SOFRIMENTO** NUNCA É EM VÃO

bebida para as pessoas a quem Deus põe sobre os altares da aflição.

Agora, com *O sofrimento nunca é em vão*, temos mais uma coleção de escritos inéditos e perspicazes para nos nutrir. Felizmente, embora, hoje, nossa amiga esteja no céu, mais de sua obra está disponível para nos impelir nessa batalha. O livro que você tem em mãos é um maravilhoso e novo portfólio das reflexões de Elisabeth e, ao ler atentamente cada página, imagine-a observando você das arquibancadas celestiais e encorajando-a a abraçar o Senhor Jesus em *suas* aflições.

Deixe nossa amiga mostrar a você como o sofrimento *nunca* é em vão. Demore-se na grande sabedoria dessa mulher, pois há epifanias ainda por alvorecer no horizonte, mostrando-lhe ainda mais as gloriosas excelências de Jesus e as impressionantes belezas de seu evangelho. Seja *você mesma* e sinta-se estimulada pelas verdades atemporais deste novíssimo livro. Leve suas palavras a sério e, um dia, quando, juntas, atravessarmos os portões celestiais, elas serão de fato *esplendorosas*.

Joni Eareckson Tada
Joni and Friends International Disability Center
Primavera de 2019

Prefácio

Elisabeth Elliot morreu em 15 de junho de 2015, em sua casa, em Magnólia, Massachusetts, EUA. Por ocasião de sua morte, ela sofria de demência havia muitos anos e estava, sem dúvida, pronta para partir e estar com o Salvador, sobre o qual ela havia ensinado a tantos, com tamanha fidelidade. Sei que esse era o caso, pois foi assim que ela me ensinou. Não tive a oportunidade de conhecê-la exceto no fim de sua vida, quando a demência já lhe havia roubado a voz, mas suas palavras estarão para sempre marcadas em minha mente e em meu coração.

Ouça o chamado de Deus para ser uma mulher. Obedeça a esse chamado. Dedique suas energias

O **SOFRIMENTO** NUNCA É EM VÃO

ao serviço. Talvez seu serviço seja casar-se e servir ao mundo por meio de seu marido, da família e do lar que Deus lhe der; ou talvez, na providência de Deus, você permaneça solteira a fim de servir o mundo sem o consolo de um marido, de um lar e de uma família. Seja qual for o caso, você conhecerá plenitude de vida, plenitude de liberdade e (eu sei do que estou falando) plenitude de alegria.

Essa citação, de *Let Me Be a Woman*[1] [Deixe-me ser uma mulher], é uma das centenas que me desafiaram, encorajaram, frustraram e me guiaram em meu caminhar com Deus. Por não ter sido criada na igreja, não ouvi falar de Elisabeth Elliot senão quando ela já estava com a saúde debilitada e havia parado de publicar e de gravar seu programa de rádio. Meu primeiro contato com seu ministério foi por meio do livro *Através dos Portais do Esplendor* e, imediatamente, fiquei viciada em sua escrita.

Anos depois, como editora, conheci uma grande amiga de Elisabeth. Essa amiga fora discipulada por Elisabeth por vários anos e, antes de sua doença, uma profunda amizade se desenvolvera entre ambas. Essa amiga sabia que eu fora influenciada por seus livros e havia devorado todo o material de ensino que encontrei pela frente; por isso, ela me enviou um presente que produziu muito fruto. Foi uma série de seis CDs, chamada "O sofrimento nunca é em vão".

---

1   Elisabeth Elliot, *Let Me Be a Woman*. Carol Stream: Tyndale Momentum, 1999 (N.T.).

PREFÁCIO

Eu ouvi esses CDs e fiquei maravilhada. Além de, possivelmente ser o melhor material de todos os que ela já produzira, na minha opinião, estava entre os melhores materiais de ensino que eu já ouvira de qualquer pessoa. Consegui algumas cópias extras dos CDs, as quais dei de presente a diversas amigas próximas, e todas também falavam com entusiasmo sobre a influência daquele material em suas vidas.

Os anos se passaram e eu não consegui parar de pensar na clareza do ensino sobre o sofrimento que encontrara naqueles CDs. Eu sabia que aquele material renderia um livro excelente. Então, em 2012, tive a oportunidade de viajar com nossa amiga em comum, aquela que me dera os CDs, com a própria Elisabeth e com seu marido, Lars Gren, para comparecer a alguns eventos no Texas.

Elisabeth não estava bem de saúde e era incapaz de se comunicar verbalmente. Mas, em alguns momentos, eu podia sentir a lucidez daqueles penetrantes olhos azuis conectando-se com os meus; ela apertava minha mão, tentava falar, e eu sabia que ela estava me compreendendo. Eu lhe falei sobre como Deus a usara em minha vida e na vida de centenas de milhares de jovens mulheres, as quais jamais teriam o privilégio de lhe dizer isso, como eu estava fazendo. A certa altura, percebi que eu estava cheia de revolta com Deus ao ver o sofrimento dela, enquanto tentava se comunicar. Eu não conseguia entender como Deus permitira que essa mulher incrível, tão dedicada a ele, sofresse dessa maneira.

O **SOFRIMENTO** NUNCA É EM VÃO

Naquele momento, ouvi a voz dela em mente, dizendo: "A cruz é o portão de entrada da alegria". Acaso havia algum sofrimento maior que a cruz? Percebi que aquele sofrimento diante de mim não era de modo algum inconsistente com a mensagem que ela havia ensinado durante toda a sua vida. Ela sofrera muito — e ela sempre nos ensinava por meio do sofrimento. Ela terminou bem porque viveu bem.

Quando este livro for publicado, terão decorrido mais de seis anos após aquela viagem com ela e quase quatro anos desde a sua morte. É uma adaptação bem sutil daquele conjunto de CDs que eu recebi, muitos anos atrás. Jamais publicado em formato de livro, esse material foi originalmente apresentado por Elisabeth numa pequena conferência, ao longo de seis palestras. Eu apenas editei o conteúdo a fim de evitar que você, leitora, seja distraída por menções às "palestras", à "lição de ontem", assim como por referências temporais que já não mais se aplicam. Todo o meu esforço foi no sentido de preservar a voz peculiar e nítida dessa mulher e escritora.

Minha oração é que este livro reapresente a obra de Elisabeth Elliot a uma nova geração, ao mesmo tempo que continue a aprofundar as sementes que ela já plantou em tantas de nós.

Por fim, ao reler este prefácio, sinto que ela não gostaria de receber toda essa adoração; por isso, devo reconhecer que Elisabeth Elliot era uma mulher como qualquer outra, apesar de seus muitos dons e fidelidade. Ela era im-

PREFÁCIO

perfeita, uma pecadora, e estava sempre pronta a admitir isso. O que havia de extraordinário nela era a luz de Cristo, a qual brilhava através das muitas fendas criadas em seu ser pelas experiências extraordinárias de sofrimento.

Mas isso nunca foi em vão.

Jennifer Lyell
Outubro de 2018

A terrível verdade

Capítulo 1

Quando eu soube que meu primeiro marido, Jim, estava desaparecido na reserva indígena Auca, o Senhor trouxe à minha mente algumas palavras do profeta Isaías: "Quando passares pelas águas, eu serei contigo; quando, pelos rios, eles não te submergirão" (Is 43.2). Então, em silêncio, orei: "Senhor, não permita que as águas transbordem". E ele me ouviu e me respondeu.

Dois anos depois, fui morar com os índios que haviam matado Jim. Dezesseis anos depois, após ter voltado aos Estados Unidos, casei-me com um teólogo chamado Addison Leitch. Três anos e meio depois, ele morreu de câncer.

O **SOFRIMENTO** NUNCA É EM VÃO

Algumas situações difíceis têm ocorrido na minha vida, é claro, assim como na sua; e eu não posso lhe dizer: "Sei exatamente aquilo pelo qual você está passando". Mas posso afirmar: conheço aquele que sabe. E cheguei à conclusão de que foi por meio do sofrimento mais intenso que Deus me ensinou as lições mais profundas. E, se confiarmos nele dessa forma, podemos chegar à segurança inabalável de que ele está no comando. Deus tem um propósito amoroso. E ele pode transformar algo terrível em algo maravilhoso. O sofrimento nunca é em vão.

Quando pediram a C. S. Lewis que escrevesse um livro sobre o problema da dor, ele pediu permissão para escrevê-lo no anonimato. O pedido foi recusado, por não estar em consonância com aquela série editorial em particular. Então, ele escreveu o seguinte em seu prefácio: "Se eu fosse dizer o que realmente penso sobre a dor, seria obrigado a fazer afirmações aparentemente tão ousadas que soariam ridículas se soubessem quem as fizera".[1] Eu penso da mesma forma.

Ao ouvir as histórias de outras pessoas sobre seus próprios sofrimentos, sinto como se eu mesma não soubesse praticamente nada sobre o assunto. Estou no jardim de infância, por assim dizer, em comparação à minha amiga Jan, por exemplo, que é tetraplégica e tem de permanecer deitada, de um lado para o outro, 24 horas por dia, numa casa de repouso em Connecticut. Ou à minha amiga Judy

---

1 C. S. Lewis, The Problem of Pain. New York: HarperCollins, 1996 (1940).

> *Algumas situações difíceis têm ocorrido na minha vida, é claro, assim como na sua; e eu não posso lhe dizer: "Sei exatamente aquilo pelo qual você está passando". Mas posso afirmar: conheço aquele que sabe. E cheguei à conclusão de que foi por meio do sofrimento mais intenso que Deus me ensinou as lições mais profundas.*

Squires, da Califórnia, que nasceu sem as pernas. Ou ao meu amigo mais recente, Joe Bailey, que perdeu três filhos.

Porém, se tudo o que descobri acerca do sofrimento fosse obtido apenas por observação, seria, ainda assim, suficiente para me dizer que estamos diante de um tremendo mistério. O sofrimento é um mistério que nenhuma de nós tem, de fato, a capacidade de perscrutar. E estou certa de que é um mistério do qual todas indagamos a razão, em um ou noutro momento. Se tentarmos conciliar o mistério do sofrimento com a ideia cristã de um Deus que sabemos nos amar, se pensarmos nisso por mais de cinco minutos, a noção de um Deus amoroso não pode ser deduzida da evidência que temos à nossa volta, muito menos da experiência humana.

Gostaria de relembrar uma história sobre minha própria educação doméstica. Cresci num sólido lar cristão, na Filadélfia, no qual ambos os meus pais eram o que chamo de "cristãos sete dias por semana". Na porta de entrada da casa, tínhamos uma pequena placa de metal que dizia: "Cristo é o cabeça deste lar, o convidado invisível em cada refeição, o ouvinte silencioso de cada conversa". Aprendemos que Deus é amor. Penso que um dos primeiros hinos que aprendemos foi aquele singelo cântico evangélico: "Jesus me ama, isso eu sei, pois a Bíblia assim me diz".

Quando eu tinha nove anos, morávamos num bairro de 42 meninos, mas eu tinha uma amiga cujo nome era Essie e que morava a cerca de seis quarteirões. Essie e eu, ambas tínhamos nove anos quando ela morreu. E, quando eu tinha cerca de três ou quatro anos, hospedamos uma moça que estava prestes a ir para a China na condição de missionária. O nome dela era Betty Scott. Ela foi para a China e se casou com seu noivo, John Stam. Alguns anos depois — não sei ao certo que idade eu tinha, talvez uns seis ou sete anos —, à noite, meu pai entrou em casa com um jornal que noticiava a captura de John e Betty Stam por comunistas chineses, arrastados, quase nus, pelas ruas de uma vila chinesa e, em seguida, decapitados.

Você pode imaginar a impressão que isso causou na mente de uma criancinha, pois Betty Stam, sentada à nossa mesa de jantar, nos dera seu testemunho antes de ir para a China. Também tenho lembranças vívidas das notícias de jornal sobre o sequestro do bebê de Charles Lindbergh e de como eu ia dormir, à noite, imaginando uma escada sendo colocada para acessar minha janela. E meus pais, sem saber que eu estava preocupada a esse ponto, nem pensaram em me dizer que, de fato, o risco de alguém se interessar em

A TERRÍVEL VERDADE

sequestrar uma criança como eu era mínimo, já que não éramos exatamente o que você chamaria de pessoas ricas.

Não obstante, quando eu era pequena, tive de fato alguma experiência da morte. E, apenas algumas semanas atrás, para voltarmos ao momento atual, alguns amigos meus e do meu marido nos ligaram para dizer que seu pequeno filho de quatro anos, que nascera com a espinha bífida, estava indo muito bem. Mas a mãe estava grávida e, por várias razões, fizera alguns exames que revelaram que o bebê em seu ventre também tem a espinha bífida. Então, eles estavam ligando apenas para dizer: "Estamos sofrendo. Por favor, orem por nós". E ouvir histórias assim me faz pensar que minha própria experiência de sofrimento é realmente muito pequena.

A pergunta é inevitável para qualquer indivíduo pensante. Onde está Deus em tudo isso? Você consegue olhar para esses dados e, ainda assim, crer? Trata-se da mesma questão apresentada a Aliocha por Ivan Karamazov no famoso romance de Dostoiévski *Os irmãos Karamazov*, que narra a história de uma pequena menina de cinco anos. Ivan diz ao seu irmão, Aliocha:

> Pois bem, estes ilustres pais submetiam a pobre criatura a todo o gênero de torturas: açoitavam-na, davam-lhe pancadas, espancavam por qualquer coisa, até que o corpo dela ficava completamente torturado. E logo começavam os maiores refinamentos de crueldade: encerravam-na num

O SOFRIMENTO NUNCA É EM VÃO

lugar nauseabundo nas noites geladas e, sob o pretexto de que ela não chamava para que a tirassem dali (como se uma criatura de cinco anos pudesse despertar do seu sono angelical e profundo e chamar), sujavam-na, enchiam-lhe a boca de excrementos e era a mãe, a própria mãe, quem lhe fazia isto. E essa mãe podia dormir enquanto a filha gritava até desistir. Compreenderás tu por que razão esta criança, que ainda não tem consciência do que lhe fazem, bate com os punhos no peito, as mãos geladas do frio e das trevas, e derrama doces lágrimas suplicando a ajuda do bom Deus? Compreendes isto, irmão amigo, piedoso e humilde noviço? Compreendes por que se há de permitir tal infâmia? [...] Por isso me apresso a devolver o meu bilhete, e se sou honrado devo devolvê-lo o mais depressa possível. É isso que tenho de fazer. Não é que rejeite Deus, Aliocha; devolvo-lhe apenas o bilhete. [...] Ora bem: rogo-te que me respondas. Supõe que estás construindo o destino humano com o objeto de fazer por fim o homem feliz dando-lhe paz e tranquilidade, mas que fosse essencialmente indispensável torturar uma criança de peito até à morte e assentar esse edifício de felicidade nessas lágrimas que ficam sem vingança. Consentirias em ser o arquiteto em tais condições? Fala e diz-me o que sentes.[2]

---

2   Fyodor Dostoievsky, Os irmãos Karamazov. S.l.: Mimética, 2019, edição Kindle [ajustado segundo a ortografia brasileira].

A TERRÍVEL VERDADE

E o que eu desejo compartilhar com vocês é o que considero ser a verdade nua e crua, sem evasivas e sem lugares-comuns óbvios e simplórios. Está bem fresca em minha memória uma imagem que vi na revista *Time*, esta semana, de um inconsolável bebê recém-nascido cuja mãe era viciada em *crack*. O simples fato de olhar para aquela imagem abalou em minha mente, por assim dizer, tudo o que eu planejava dizer a vocês nesta série.

Ontem, aconteceu de eu me sentar no avião ao lado de uma mulher que lia um livro intitulado *Master of Life Manual* [Manual do senhor da vida], o qual, segundo a capa, era sobre metafísica, conscientização do cérebro e da mente, princípios do potencial humano, além desta espantosa afirmação: "Crie sua própria realidade agora". E eu pensei em como odiaria ser levada a esse extremo de ter de criar minha própria realidade, em face das condições da experiência humana.

Desse modo, levanto a seguinte questão: há uma razão para crer que o sofrimento humano não seja em vão? Há, por trás disso tudo, algum propósito eterno e perfeitamente amoroso? Se houver, ele não é óbvio nem evidente. Contudo, por milhares de anos, em face dessa realidade espantosa — essa terrível verdade —, as pessoas têm crido que há um Deus amoroso, que esse Deus está atento à realidade que nos cerca e que, ainda assim, ele nos ama. Se essas pessoas continuam insistindo que Deus sabe o que está fazendo, que ele tem o mundo inteiro em suas mãos, então,

O **SOFRIMENTO** NUNCA É EM VÃO

repito, a razão não pode ser de modo algum óbvia. Não é possível que esses milhares de pessoas sejam todas surdas, burras, cegas, ignorantes e incapazes de ver com clareza e objetividade os dados com os quais eu e você constantemente nos deparamos. Qual é a resposta?

> *Estou convencida de que há um bom número de coisas nesta vida sobre as quais nada podemos fazer, mas com as quais Deus deseja que façamos algo.*

F. W. H. Myers, em seu poema *St. Paul* ("São Paulo"), escreveu as seguintes palavras: "Não há ofensa cruel demais para se expiar? Que são esses anos desesperados e obscuros? Não ouviste tua criação inteira a gemer, os suspiros dos escravos ou as lágrimas de uma mulher?".[3] A resposta não é óbvia. Deve haver uma explicação em algum lugar. E meu propósito é tentar alcançar essa explicação e, então, investigar se há algo que você e eu possamos fazer acerca dessa questão do sofrimento. Estou convencida de que há um bom número de coisas nesta vida *sobre as quais* nada podemos fazer, mas *com as quais* Deus deseja que façamos algo. E espero que, quando terminarmos, eu me tenha feito entender.

Ora, a palavra *sofrimento* pode parecer muito elevada, talvez até solene demais para o tipo de dificuldade que temos hoje. Eu não conheço nenhuma de vocês que ouvem

---

3   F. W. H. Myers, "St. Paul", Disponível em: http://www.sermonindex.net/ modules/newbb/viewtopic.php?topic_id=2386&forum=35.

A TERRÍVEL VERDADE

meus ensinamentos hoje, assim como não faço ideia de quem pode ter acesso a esse material no futuro, de alguma outra forma. Mas, se eu conhecesse você e suas histórias, então eu descobriria que não é possível falar pessoalmente a cada necessidade que existe aqui, a cada tipo de sofrimento. E estou razoavelmente segura de que, então, algumas pessoas aqui sairiam dizendo: "Bem, de fato não faço ideia do que é o sofrimento. Nunca passei por nada parecido com o que Joni Eareckson, Jo Bailey ou mesmo Elisabeth Elliot passaram" — e, é claro, isso é verdade. Mas eu poderia dizer a mesmíssima coisa se conhecesse sua história. Eu poderia dizer: "Bem, eu jamais passei por nada parecido com isso".

Então, eu gostaria de lhe apresentar uma definição de sofrimento que cubra todo o espectro de dificuldades possíveis, desde um vazamento na máquina de lavar ou quando a carne queima no forno e você está prestes a receber seu chefe para jantar naquela noite — todas aquelas situações em que a reação humana imediata é: "Oh, não!". Desde esse tipo de trivialidade, relativamente falando, até o câncer de seu marido, o fato de seu filho ter espinha bífida ou de você, você mesma, simplesmente ter perdido tudo. Você concordará, acredito, que essa definição abrange todo esse espectro.

As coisas que vou tentar lhe dizer se aplicarão às pequenas coisas, àquelas situações às vezes ridiculamente pequenas, mas com as quais você — se for um pouco parecida comigo — fica completamente aborrecida e transtor-

O **SOFRIMENTO** NUNCA É EM VÃO

nada, embora elas sejam insignificantes em comparação às grandes coisas. E aqui vai minha definição de sofrimento: "Sofrimento é ter o que você não deseja, ou desejar o que você não tem". Penso que isso abrange tudo.

Você consegue imaginar um mundo, por exemplo, no qual ninguém tem nada indesejável — sem dor de dente, sem impostos, sem parentes complicados, sem engarrafamentos? Ou, em contraste, você consegue imaginar um mundo no qual todos têm tudo o que desejam — clima perfeito, esposa perfeita, marido perfeito, saúde perfeita, notas perfeitas, felicidade perfeita?

Malcolm Muggeridge disse: "Se, por acaso, você eliminasse o sofrimento, o mundo seria um lugar terrível, pois tudo aquilo que corrige a tendência humana de se sentir importante demais, de se gabar em excesso, desapareceria. O homem já é mau o bastante agora, mas seria absolutamente intolerável se nunca sofresse".[4] Muggeridge chega ao cerne do que quero dizer. O sofrimento nunca é em vão.

Mas como eu sei disso? As lições mais profundas que aprendi em minha própria vida vieram dos sofrimentos mais profundos. Dessas águas mais profundas e dessas chamas mais ardentes, vieram as lições mais profundas que eu sei sobre Deus. Imagino que a maioria de vocês diria exatamente o mesmo. E eu acrescentaria: as maiores dádivas da

---

4   A citação é do livro de Malcolm Muggeridge, Jesus Rediscovered (1969), também encontrada no livro de Elisabeth Elliot, A Path Through Suffering.

A TERRÍVEL VERDADE

minha vida também acarretaram os maiores sofrimentos. As maiores dádivas da minha vida, por exemplo, têm sido o casamento e a maternidade. Não podemos jamais esquecer que, se quisermos evitar o sofrimento, devemos ter o cuidado de nunca amar nada nem ninguém. As dádivas de amor têm sido dádivas de sofrimento. Essas duas coisas são inseparáveis.

> *As lições mais profundas que aprendi em minha própria vida vieram dos sofrimentos mais profundos. Dessas águas mais profundas e dessas chamas mais ardentes, vieram as lições mais profundas que eu sei sobre Deus.*

Ora, eu não venho até você como um teólogo ou erudito. Eu não venho apenas como alguém que assiste de camarote e pondera friamente, mas como alguém em cuja vida Deus se certificou de que houvesse certa medida de sofrimento, certa medida de dor. E é exatamente dessa medida de dor que tem surgido a convicção inabalável de que Deus é amor.

Quando minha garotinha Valerie tinha dois anos, o pai dela morrera havia mais de um ano. E eu estava começando a ensinar a ela coisas como o Salmo 23. "O SENHOR é o meu pastor; nada me faltará. Ele me faz repousar em pastos verdejantes. Leva-me para junto das águas de descanso; refrigera-me a alma" (Sl 23.1-3a). Ainda consigo ouvir aquela frágil vozinha de bebê dizendo: "Leva-me para junto das águas de descanso". E eu percebi, ao ouvi-la novamen-

O **SOFRIMENTO** NUNCA É EM VÃO

te falar — e ainda tenho uma gravação dela falando —, e pensei: de onde ela tirou essa entonação estranha? Então, percebi que ela havia aprendido com sua mãe, que ensinava a ela palavra por palavra. Ela dizia: "Leva-me"; e eu então dizia: "para junto". E ela dizia: "para junto". Seja como for, ela aprendeu.

> *As maiores dádivas da minha vida também acarretaram os maiores sofrimentos.*

Também ensinei a ela coisas como o Salmo 91, um dos meus favoritos: "O que habita no esconderijo do Altíssimo e descansa à sombra do Onipotente diz ao SENHOR: Meu refúgio e meu baluarte, Deus meu, em quem confio. Pois ele te livrará do laço do passarinheiro e da peste perniciosa. Cobrir-te-á com as suas penas, e, sob suas asas, estarás seguro; a sua verdade é pavês e escudo. Não te assustarás do terror noturno, nem da seta que voa de dia, nem da peste que se propaga nas trevas, nem da mortandade que assola ao meio-dia. Caiam mil ao teu lado, e dez mil, à tua direita; tu não serás atingido" (Sl 91.1-7).

Ora, quero que você pense em como uma mãe viúva tenta ensinar o significado desse salmo à sua filhinha, cujo pai foi assassinado por um grupo de índios selvagens que pensaram que ele era um canibal. Ensinar o que as palavras da Escritura significam. Ela aprendeu "Jesus me ama, isso eu sei", não porque o pai dela fora assassinado. Ela não aprendeu dessa forma. Em vez disso, ela aprendeu: "Jesus

A TERRÍVEL VERDADE

me ama, isso eu sei, pois *a Bíblia* assim me diz". Ela aprendeu a cantar "Deus vai cuidar de mim", e como eu deveria
explicar que "mil caiam ao teu lado, e dez mil, à tua direita,
mas tu não serás atingido"?

Falo isso porque talvez ajude você a ver que eu fui
forçada, pelas circunstâncias de minha própria vida, a tentar cavar até o leito de rocha da fé. Até aquilo que é inque-
brável e inabalável. Deus é meu refúgio. Ele era o refúgio de
Jim? Ele era sua fortaleza? Na noite anterior à sua entrada
no território Waorani, aqueles cinco homens que seriam
mortos pelos Waorani cantaram: "Descansamos em ti, nosso escudo e nosso defensor". Como sua fé reage diante da
ironia dessas palavras?

Do lado de cá do paraíso, não há satisfação intelectual para a velha pergunta: por quê? Porém, embora eu não
tenha encontrado satisfação intelectual, encontrei paz. A
resposta que lhe dou não é uma explicação, mas uma pessoa,
Jesus Cristo, meu Senhor e meu Deus. Como compartilhei
no início deste capítulo, ao perceber que meu marido estava
desaparecido (e ao ficar mais cinco dias sem saber que ele
estava morto), as palavras que Deus me trouxe naquele momento foram de Isaías 43: "Quando passares pelas águas, eu
serei contigo; quando, pelos rios, eles não te submergirão;
quando passares pelo fogo, não te queimarás, nem a chama
arderá em ti. Porque eu sou o Senhor, teu Deus" (Is 43.2-
3a).

O **SOFRIMENTO** NUNCA É EM VÃO

E então percebi que Deus não estava me dizendo que tudo ficaria bem, humanamente falando, que ele iria preservar meu marido fisicamente e trazê-lo de volta para mim. Mas ele estava me fazendo uma promessa inequívoca: "Estarei contigo porque eu sou o Senhor, teu Deus". Ele é aquele que me amou e entregou a si mesmo por mim.

E aquele desafio que Ivan Karamazov fez a Aliocha, seu irmão, ecoava um desafio feito milhares de anos antes, o desafio lançado a Jesus quando ele estava pendurado na cruz. "Tu que destruirias o templo e o reconstruiria em três dias, salva-te a ti mesmo! Se és o Filho de Deus, desce!". Então, você se lembra de como a elite religiosa, com desdém, o insultava com palavras acusatórias: *"Salvou os outros. A si mesmo não pode salvar-se. Confia em Deus. Que Deus o livre agora. É um milagreiro. Que nos prove agora, pois disse: 'Sou o Filho de Deus'".*

> *As dádivas de amor têm sido dádivas de sofrimento. Essas duas coisas são inseparáveis.*

Assim, tornamos à terrível verdade de que o sofrimento existe. E a questão permanece: Deus está prestando atenção? Se sim, por que não faz algo? Eu digo que sim, que ele fez, que ele está fazendo algo e que fará algo.

O assunto só pode ser abordado pela cruz. Aquela velha e rude cruz tão desprezada pelo mundo. A pior de todas as coisas que já ocorreram na história humana torna-se

A TERRÍVEL VERDADE

a melhor de todas as coisas, pois ela me salvou. Ela salva o mundo. Desse modo, o amor de Deus, representado e demonstrado a nós ao entregar seu Filho Jesus para morrer na cruz, se encontra e se harmoniza com o sofrimento.

Você percebe, esse é o ponto crucial da questão. E aquelas dentre vocês que estudaram latim talvez se lembrem de que a palavra *crucial* vem de *crux*, a palavra latina para cruz. É apenas na cruz que podemos começar a harmonizar essa aparente contradição entre sofrimento e amor. E nunca entenderemos o sofrimento, a menos que entendamos o amor de Deus.

Estamos falando sobre dois níveis diferentes de compreensão. Repetidas vezes, nas Escrituras, nós temos o que parecem ser paradoxos absolutos, porque estamos falando de dois reinos distintos. Estamos falando deste mundo visível e do Reino invisível no qual os fatos deste mundo são interpretados.

Por exemplo, considere as bem-aventuranças, aquelas maravilhosas afirmações de paradoxo que Jesus deu às multidões enquanto lhes pregava no monte. Ali, ele disse coisas estranhíssimas, como estas: Felizes são aqueles que sabem o significado da tristeza. Felizes são aqueles que não reivindicam nada. Felizes são aqueles que sofrem perseguição. Tamanha será a sua felicidade quando as pessoas acusarem, maltratarem e disserem todo tipo de difamações contra você. Alegre-se então, sim, fique tremendamente alegre.

O SOFRIMENTO NUNCA É EM VÃO

Acaso isso faz algum sentido? Não, a menos que você veja que há dois reinos: o reino deste mundo e o reino de um mundo invisível. E o apóstolo Paulo entendeu essa diferença ao fazer uma declaração estonteante: A minha felicidade é sofrer por ti, disse ele, minha felicidade é sofrer. Isso soa absurdo, não é? Contudo, essa é a Palavra de Deus. Janet Erskine Stuart disse: "Alegria não é ausência de sofrimento, mas a presença de Deus".[5]

Foi isso que o salmista descobriu no vale da sombra da morte. Você se lembra, ele disse: "Não temerei mal algum". Ora, o salmista não era ingênuo o bastante para dizer: eu não temerei mal algum, pois não existe mal algum. Existe, sim. Vivemos num mundo mau, despedaçado, deturpado, caído, distorcido. O que ele disse? "Não temerei mal algum, porque tu estás comigo; o teu bordão e o teu cajado me consolam".

Mas, quando eu estava agarrada ao meu rádio de ondas curtas na floresta do Equador, em 1956, e ouvi que meu marido estava desaparecido, quando Deus trouxe à minha mente as palavras do profeta Isaías — "Quando passares pelas águas, eu serei contigo; quando, pelos rios, eles não te submergirão" —, você deve imaginar que minha reação não foi muito espiritual. Eu dizia: "Mas, Senhor, tu estás comigo o tempo todo. O que eu quero é ter o Jim. Eu quero meu

---

5   Citação também referida por Elisabeth Elliot alhures, de fonte original desconhecida.

A TERRÍVEL VERDADE

marido. Nós estamos casados há apenas vinte e sete meses, depois de esperarmos cinco anos e meio"!

Cinco dias depois, eu soube que Jim estava morto. E a presença de Deus comigo não era a presença de Jim. Aquilo era uma realidade terrível. A presença de Deus não alterava o fato terrível de que eu estava viúva — e eu esperava ficar viúva até morrer, pois achava que já havia sido um milagre ter me casado a primeira vez. Eu não podia imaginar que me casaria uma segunda vez, muito menos uma terceira vez. A presença de Deus não mudou a realidade da minha viuvez. A ausência de Jim me empurrou, me constrangeu, me impeliu para Deus — minha esperança e meu único refúgio.

E, naquela experiência, aprendi quem é Deus. Eu o conheci como não poderia ter conhecido de outra forma. Por isso posso lhe dizer que o sofrimento foi um meio insubstituível pelo qual aprendi uma verdade indispensável. "Eu sou. Eu sou o SENHOR." Em outras palavras, aprendi que Deus é Deus. Bem, ainda sinto vontade de voltar e dizer: mas, SENHOR, e quanto àqueles bebês? E quanto àquela pequena criança com a espinha bífida? E quanto àqueles bebês que nascem terrivelmente deficientes, com sofrimentos terríveis, porque suas mães viviam na cocaína, na heroína ou no álcool? E quanto ao pequeno McDuff, meu cachorro *terrier*, que morreu de câncer aos seis anos? E quanto ao bebê Lindbergh e ao casal Stam, que foi decapitado? O que dizer de tudo isso?

O **SOFRIMENTO** NUNCA É EM VÃO

Não posso responder às suas perguntas, nem mesmo às minhas próprias, senão nas palavras da Escritura, com as palavras do apóstolo Paulo, o qual conhecia o poder da cruz de Jesus. E foi isto que ele escreveu: "Porque para mim tenho por certo que os sofrimentos do tempo presente não podem ser comparados com a glória a ser revelada em nós. A ardente expectativa da criação aguarda a revelação dos filhos de Deus" (Rm 8.18-19). A criação se tornou vítima da frustração — todos aqueles animais, todos aqueles bebês sem culpa alguma —, vítima da frustração não por sua própria escolha, mas por causa daquele que a sujeitou; contudo, sempre houve esperança. E esta é a parte que me traz um conforto imensurável: o próprio universo se libertará do cativeiro da mortalidade e será trazido à liberdade e ao esplendor dos filhos de Deus.

De onde vem essa ideia de um Deus amoroso? Não é uma dedução. Não é o homem desesperado em busca de um deus, a ponto de fabricá-lo em sua mente. É o Verbo, aquele que era antes da fundação do mundo, sofrendo como um cordeiro imolado. E ele guarda na manga cartas das quais eu e você não fazemos a menor ideia agora. Ele nos disse o suficiente para sabermos que o sofrimento nunca é em vão.

O sofrimento foi um meio
insubstituível pelo qual aprendi
uma **verdade indispensável**.

A mensagem

CAPÍTULO 2

Vejo o sofrimento como uma das maneiras pelas quais Deus atrai nossa atenção. De fato, C. S. Lewis disse: "Deus sussurra para nós em nossos prazeres, fala em nossa consciência, mas grita em nossa dor: ela é seu megafone para despertar um mundo surdo".[1] Gostaria que refletíssemos sobre algumas das coisas que Deus precisa dizer a nós, para as quais ele precisa atrair nossa atenção. Antes de tudo, é interessante para mim, algo de grande importância, dizer que, até onde sabemos, o livro mais antigo da Bíblia é o livro de Jó. De todos os livros da Bíblia, é esse que lida de modo mais específico e direto com o tema do sofrimento. Você deve se lembrar de que Jó

---

1   Lewis, The Problem of Pain, 83.

O **SOFRIMENTO** NUNCA É EM VÃO

foi tido como um homem irrepreensível, um homem justo. O próprio Deus disse que Jó era irrepreensível. Isso é importante porque, segundo a moral popular daqueles dias, pensava-se que um homem bom deveria ser abençoado e um homem mau, castigado... Então, a experiência de Jó parecia virar aquela ideia totalmente de cabeça para baixo.

Jó perdeu tudo. Seus dez filhos foram mortos numa tempestade de vento. Seu vasto número de animais morreu. Sua casa foi essencialmente destruída. Esse homem, antes estimado, rico em todos os sentidos, ficou sem nada do que poderia significar riqueza e bênção. Contudo, a destruição não cessou aí. Seu corpo físico também sofreu com chagas terríveis e ficou desfigurado de tal maneira que Jó se tornou irreconhecível a alguns de seus amigos mais próximos. Tudo isso se passou sem que Jó soubesse o porquê. Você pode se lembrar de que, nos bastidores, desenrolava-se um enredo — do qual, até onde sabemos, Jó não fazia a menor ideia —, segundo o qual Satanás desafiava Deus no céu. Ele diz: É claro que Jó confia em ti. Mas ele confia em ti de graça? Experimenta tirar-lhe todas aquelas bênçãos e, então, vejamos para onde vai a fé de Jó. Deus aceitou o desafio de Satanás. E aqui nós temos um mistério que não podemos sequer começar a explicar. De fato, foi Deus quem chamou a atenção de Satanás para aquele indivíduo, Jó. E ele deu a Satanás permissão para tirar o que pertencia a Jó.

Assim, ele perdeu seu rebanho, seu gado, seus servos, seus filhos e filhas, sua casa e, no fim, até mesmo a confiança de sua esposa. Ele se sentou entre as cinzas; naquele tempo, sua saúde havia sido abalada e ele se raspava com um caco; e, em angústia e miséria plenas, ele ficou em silêncio por sete dias, enquanto seus amigos — eles eram assim considerados e, aparentemente, haviam sido nos tempos de bonança — ficavam sentados e olhavam para ele, igualmente sem dizer nada por sete dias. Então, quando Jó finalmente rompeu o silêncio, urrou e lançou suas queixas a Deus.

Com frequência, podemos ouvir Jó ser chamado de homem paciente, mas, se você ler o livro de Jó, não encontrará muita evidência de que ele realmente fosse um homem paciente. Porém, ele nunca duvidou da existência de Deus e disse algumas das piores coisas que poderiam ser ditas acerca de Deus. E não é interessante que o Espírito de Deus tenha preservado essas coisas para você e para mim? Deus é grande o bastante para receber qualquer coisa que lancemos a ele. Ele até mesmo velou para que os urros e as queixas de Jó fossem preservados em preto e branco, com vistas à nossa instrução. Por isso, nunca hesite em dizer a Deus o que você de fato sente, pois, lembre-se, Deus conhece seus pensamentos antes de você conhecê-los, e ele certamente sabe o que você vai dizer antes mesmo de você pensar.

Vejamos algumas amostras dessas coisas horríveis que Jó, esse homem paciente, disse a Deus. Que tal Jó 3.11, 19 e 20, quando ele pergunta: "Por que eu não fui um na-

O **SOFRIMENTO** NUNCA É EM VÃO

timorto? Por que não morri ao sair do ventre? Por que o sofredor tem de nascer para ver a luz? Por que a vida é dada a homens que experimentarão tanto amargor?".

Aqui você vê Jó dialogando com Deus. Na mente de Jó, ao longo de todo o livro, não há dúvida acerca da existência de Deus. Ele sabe que é com Deus que ele precisa reconciliar suas circunstâncias. Ele está dizendo: "Há alguém por trás disso tudo". E a pergunta do porquê pressupõe que há uma razão, que há uma mente por trás de todo aquele sofrimento aparentemente despropositado. Nós nunca perguntaríamos o porquê se, de fato, crêssemos que todo o universo é um acidente e que você e eu estamos completamente à mercê do acaso. A própria pergunta do porquê, mesmo quando atirada a nós por alguém que se diz descrente ou ateu, é um sinal evidente de que, no fundo de cada mente humana, há uma suspeita sorrateira de que há alguém, alguma razão, algum indivíduo pensante por trás de tudo.

> *Nós nunca perguntaríamos o porquê se de fato crêssemos que todo o universo é um acidente e que você e eu estamos completamente à mercê do acaso.*

Então, no capítulo 10, Jó se dirige a Deus diretamente. Ele diz: "Não podes tu tirar os olhos de mim? Não me deixarás sozinho o bastante nem para eu engolir minha saliva? Tu me formaste e me fizeste; agora voltaste para me destruir. Tu me moldaste como barro, mas agora me reduzes ao pó". Alguém já se sentiu assim? Será que isso lhe soa familiar? Deus está me reduzindo a pó. Ele não me dá a chance sequer de engolir minha saliva.

E o que dizer dos amigos dele? Eles eram muito religiosos. Bem, eles nunca disseram uma palavra que não fosse teologicamente sã na maneira como entendiam os caminhos de Deus. Eles começaram a acusá-lo de noções tolas; um estômago cheio de vento, diziam. No fim das contas, Jó carece do temor de Deus e está se pondo contra o Todo-poderoso, desafiando-o com a cabeça baixa, como se fosse um touro enfurecido.

Quando Jó chama Elifaz de saco de vento, ou seja, você sabe, parece o sujo falando do mal-lavado. Mas seus amigos e inimigos, diz ele, não chegam nem aos pés do Deus que "me quebrantou; pegou-me pelo pescoço e me despedaçou; pôs-me por seu alvo. Cercam-me as suas flechas, atravessa-me os rins, e não me poupa, e o meu fel derrama na terra" (Jó 16.12-13). Acaso você conseguiria chegar a esse ponto, ao insultar Deus por despedaçar seu coração através do sofrimento? Você se atreveria a dizer coisas assim em voz alta?

Então, Jó indaga a Deus, pergunta após pergunta após pergunta. A certa altura, ele diz que se lhe indagasse mil perguntas, ele não responderia sequer a uma delas. E ele estava certo. Lembre-se de que, quando Deus finalmente quebra seu silêncio, não responde a nem uma pergunta sequer. A reação de Deus às indagações de Jó é um mistério.

O **SOFRIMENTO** NUNCA É EM VÃO

Em outras palavras, Deus responde ao mistério de Jó com o mistério de si mesmo.

E ele logo começa a acertar o pobre Jó com perguntas: Onde você estava quando eu lancei os fundamentos do mundo? Quem assentou a pedra angular enquanto as estrelas da alva cantavam juntas? Você já viu os reservatórios da neve? Quem represou o mar com portas? Você já percorreu as profundezas do abismo? Você alguma vez na vida deu ordens à manhã ou mostrou à alvorada o lugar dela? Você já governou as corças dando suas crias?. E ele avança mais e mais; pergunta após pergunta após pergunta.

> Deus responde ao mistério de Jó com o mistério de si mesmo.

Ele sabe a resposta a essas questões, é claro. E ele sabe que certamente Jó não é capaz de responder. Ele está revelando a Jó quem ele é. Em minhas próprias tribulações e sofrimentos, Deus não me deu explicações. Mas ele veio a mim como uma pessoa, como um indivíduo, e é disso que precisamos. Quem de nós, no pior buraco em que já esteve, necessitou de algo mais importante do que companhia? Simplesmente alguém, alguém que talvez se sente ao nosso lado em silêncio, mas que simplesmente esteja conosco. Em nenhum momento Jó nega a existência de Deus; ele jamais imagina que Deus não tenha nada a ver com suas tribulações, mas ele tem mil indagações — assim como nós.

A MENSAGEM

> *Quem de nós, no pior buraco em que já esteve, necessitou de algo mais importante do que companhia?*

Ora, pode parecer uma transição esquisita, mas este é um bom lugar para eu lhe contar uma ou duas histórias do meu primeiro ano como missionária. Eu me considerava muito bem-preparada para ser missionária. E, como eu disse, vim de um lar cristão sólido. Meus pais também haviam sido missionários. E nós tivemos dúzias, provavelmente centenas, de missionários passando pela nossa casa. Tínhamos um quarto de hóspedes que parecia sempre estar ocupado. Tínhamos bagagens subindo e descendo as escadas o tempo todo. E ouvimos, desde nossas memórias mais remotas, muitas e muitas histórias missionárias contadas em nossa mesa de jantar.

Frequentei uma escola para filhos de missionários e ouvi milhares de palestras missionárias. Vi dezenas de milhares de slides missionários horríveis, mostrando fotos de plantações de igrejas, batismos e escolas bíblicas de férias, tudo em imagens embaçadas e geralmente incompreensíveis. Eu vivia, comia, respirava e bebia missões, e terminei eu mesma virando uma missionária, assim como quatro dos meus irmãos. Éramos seis de nós na família. Cinco de nós nos tornamos missionários de um ou de outro tipo, e o sexto é professor numa faculdade cristã.

Eu achava que, como missionária, provavelmente eu era uma dádiva de Deus para o campo missionário, com

O **SOFRIMENTO** NUNCA É EM VÃO

todo aquele treinamento que eu tinha. Fui para uma escola bíblica e fiz algum trabalho de missões nacionais na Canadian Sunday School Mission. Ou seja, eu tinha tudo. Porém, no primeiro ano, aprouve a Deus me dar três fortes golpes no que eu pensava ser uma fé bem-fundamentada e corajosamente desenvolvida.

O primeiro desses golpes veio enquanto eu tentava aprender uma língua indígena não escrita da floresta ocidental do Equador, a língua da tribo Colorado. Essa era uma tribo bem pequena que jamais tivera uma linguagem escrita e, portanto, não havia nada da Bíblia em sua língua. Eu havia orado para que Deus me desse um informante, alguém que estivesse preparado para se sentar comigo e passar e repassar e repassar aquilo que, para ele, era a língua mais fácil do mundo. Eu sabia que esse informante teria de ter paciência para lidar com esta estrangeira aparentemente ignorante.

E Deus respondeu à minha oração enviando esse homem, cujo nome era Macadao. Macadao era bilíngue, o que trazia uma enorme vantagem. Ele falava espanhol e colorado. Isso era importante, pois eu já havia aprendido espanhol, por ser a língua oficial do país. Nós trabalhamos juntos por dois meses e nos demos muito bem. Certa manhã, eu estava de joelhos ao lado da cama, como era meu costume, lendo minha Bíblia e orando. Eu estava lendo o terceiro ou o quarto capítulo de 1 Pedro. E estas foram as palavras: "Não estranheis o fogo ardente que surge no meio de vós, destinado a provar-vos, como se alguma coisa extraordinária vos estivesse acontecendo" (1Pe 4.12). E, naquele exato momento, eu ouvi barulho de tiros.

Não havia nada de incomum em ouvir tiros naquela clareira da floresta em particular. Estávamos rodeados de índios que caçavam com armas compradas dos homens brancos. E, naquela clareira, também havia homens brancos que caçavam. Assim, era frequente ouvirmos tiros. Mas esses tiros em particular foram seguidos por gritos, berros, cavalos galopando, pessoas correndo e um pandemônio total.

Então, corri para fora e ouvi que Macadao acabara de ser assassinado. Ora, seria muito bom se eu pudesse lhe contar que foi fácil encontrar outro informante. Mas a verdade é que Macadao era, literalmente, a única pessoa no mundo capaz de realizar o trabalho que estava realizando comigo. Ninguém mais conhecia o espanhol e o colorado.

Então me deparei, pela primeira vez em minha experiência pessoal, com aquele terrível porquê. Como Jó, eu não duvidava nem por um segundo que Deus estava lá em cima, que Deus sabia o que estava fazendo. Mas eu não fazia a menor ideia do que ele poderia ter em mente. E a resposta de Deus a mim foi: "Confie em mim". Sem explicações. Apenas confie em mim. Essa foi a mensagem.

Ora, se eu tivesse uma fé convencida de que Deus tinha de me dar algum tipo de resposta específica às minhas orações específicas, essa fé teria evaporado. Mas minha fé

O **SOFRIMENTO** NUNCA É EM VÃO

tinha de estar fundamentada no caráter do próprio Deus. Desse modo, o que parecia uma contradição de termos — Deus me ama; Deus permite que essa coisa terrível me aconteça —, o que parecia uma contradição de termos, eu tinha de deixar nas mãos de Deus e dizer: tudo bem, Senhor. Eu não entendo. Eu não gosto. Mas eu só tinha duas opções. Ou ele é Deus, ou não é. Ou eu estou segura nos braços eternos, ou estou à mercê do acaso; ou confio nele, ou tenho de negá-lo. Há um meio-termo? Não penso que haja.

Pensei em Daniel na cova dos leões. Lembro-me do quadro que tínhamos na parede de nossa casa, uma pintura. Quando eu era criança, muitas vezes ficava

> *Ou eu estou segura nos braços eternos, ou estou à mercê do acaso; ou confio nele, ou tenho de negá-lo.*

contemplando aquela pintura. Nela, Daniel está de pé na cova dos leões. Há uma luz no seu rosto e ele está de pé, muito alto e ereto, com suas mãos atrás das costas. E apenas muito ligeiramente, nas sombras, é possível ver os olhos brilhantes dos leões famintos.

Então, percebi que a pintura me dizia que ali está um homem cuja fé descansa no caráter de Deus. É claro, eu não teria entendido dessa forma quando era criança. Mas aquele quadro me dizia muita coisa. Deus estava naquele buraco. Ele não estava tornando desnecessário que Daniel fosse lançado naquele buraco mais do que era desnecessário que José caísse naquele buraco, onde seus irmãos invejo-

A MENSAGEM

sos o jogaram, ou que fosse lançado na prisão, assim como Paulo, Silas e Pedro e tantos outros na Escritura, até mesmo João Batista, que teve sua cabeça cortada.

Era necessário que Sadraque, Mesaque e Abede-Nego entrassem na fornalha ardente porque Deus tinha uma mensagem não apenas para Sadraque, Mesaque e Abede-Nego, mas também, você se lembra, para o rei. Ele havia dito: "Será que o seu Deus, a quem você serve continuamente, pôde livrá-lo?". E você se lembra desse desafio antes de jogá-los na fornalha: "E quem é o deus que vos poderá livrar das minhas mãos?" (Dn 3.15). E então vêm aquelas retumbantes palavras de fé: "Se o nosso Deus, a quem servimos, quer livrar-nos, ele nos livrará da fornalha de fogo ardente e das tuas mãos, ó rei. Se não, fica sabendo, ó rei, que não serviremos a teus deuses, nem adoraremos a imagem de ouro que levantaste" (Dn 3.17-18). Se não...

> *Se não há respostas às suas orações da maneira como você acha que elas deveriam ser, o que acontece com sua fé? O mundo diz: "Deus não ama você". As Escrituras me dizem algo bem diferente.*

E essa é a lição que cada uma de nós recebe em algum ponto de nossa vida. Estou certa de que cada uma de nós, mais cedo ou mais tarde, tem de encarar esta dolorosa pergunta: Por quê? E Deus está dizendo: "Confie em mim". Se não há respostas às suas orações como você acha que elas deveriam ser, o que acontece com sua fé? O mundo diz: "Deus não ama

O **SOFRIMENTO** NUNCA É EM VÃO

você". As Escrituras me dizem algo bem diferente. Aqueles "bem-aventurados" nas Bem-aventuranças. Nas palavras de Paulo: é minha alegria sofrer por ti.

Não sabemos a resposta. Mas sabemos que ela está profundamente arraigada no mistério da liberdade de escolha. Quando Deus criou o homem, Adão e Eva, ele os criou com a liberdade de escolher amá-lo ou afrontá-lo. E eles escolheram afrontá-lo. Adão e Eva abusaram de sua liberdade. Em seu livro *O problema do sofrimento* (Editora Vida, 2009), C. S. Lewis diz: "O homem é agora um espanto para Deus e para si mesmo, uma criatura desajustada para com o universo, não porque Deus o tenha criado assim, mas porque ele se fez assim mediante o abuso do seu livre-arbítrio".[2] Lewis, então, avança e apresenta esse problema complicado de sua forma mais simples. "Se Deus fosse bom, ele teria desejado fazer suas criaturas perfeitamente felizes; e, se Deus fosse todo-poderoso, ele seria capaz de fazer o que desejasse. Mas as criaturas não são felizes. Logo, Deus carece ou de bondade, ou de poder, ou de ambos".[3]

Ora, responder a essa pergunta depende de nossa definição do que é o bem. Um homem da antiguidade pensaria no bem em termos morais. O homem moderno iguala o bem à felicidade. Se não é divertido, não é bom. As duas perspectivas quase parecem ser mutuamente excludentes.

---

2   Ibid., p. 61.

3   Ibid., p. 23.

A MENSAGEM

Os antigos virariam o adágio de ponta-cabeça: se é bom, não é divertido. Recentemente, eu vi um anúncio publicitário de certo tipo de cereal. Nessa propaganda, duas crianças ouvem que o produto é natural e bom para a saúde. Então, elas dizem: "Bem, vamos dar para o fulano provar. Ele come de tudo. Ele não sabe que é bom para a saúde". Então, o pequeno fulano come na ignorância, sem saber que as outras duas crianças não comeriam, porque é bom para a saúde. Talvez você tenha ouvido o ditado: "Tudo o que eu gosto é ilegal, ou imoral, ou engorda", uma noção que o mundo tem de que duas dessas coisas são mutuamente excludentes. Se é bom, não é divertido. Nada tem a ver com minha felicidade. O homem moral estava preocupado primariamente com a bondade moral.

Se aprendermos a conhecer Deus em meio à nossa dor, passaremos a conhecê-lo como aquele que não é um Sumo Sacerdote incapaz de se compadecer diante do sentimento de nossas fraquezas. Ele é alguém que caminhou cada centímetro da estrada. Eu amo aquele antigo hino de Richard Baxter: "Cristo não me conduz por nenhum aposento mais escuro do que aqueles que ele antes percorreu".[4] Amo essas palavras.

Tenho um casal de amigos muito queridos que são missionários no norte da África. O marido é um dos muitos seminaristas que viveram em nossa casa. Cerca de um

4 Disponível em: https://hymnary.org/text/christ_leads_me_through_no_darker_rooms#pagescans

O **SOFRIMENTO** NUNCA É EM VÃO

> *Se aprendermos a conhecer Deus em meio à nossa dor, passaremos a conhecê-lo como aquele que não é um Sumo Sacerdote incapaz de se compadecer diante do sentimento de nossas fraquezas. Ele é alguém que caminhou cada centímetro da estrada.*

ano atrás, recebi uma carta deles, dizendo-me que haviam acabado de perder sua filhinha bebê. Acredito que foi durante o parto ou apenas algumas horas após o nascimento. E a carta deles estava repleta da angústia que a situação lhes causava. Mas eu nunca perdi um bebê. Tenho apenas uma filha, que tinha dez meses de idade quando seu pai foi morto. Por isso, eu não poderia escrever a Phil e Janet, dizendo: "Sei exatamente o que vocês estão sofrendo". Mas eu havia lido as maravilhosas cartas de Samuel Rutherford, aquele pregador escocês do século XVII que, aparentemente, passou por absolutamente todos os lagares humanos imagináveis; ele perdeu ao menos um filho e eu tinha suas cartas em meu escritório.

Então, encontrei uma de suas cartas, destinada a uma mulher que perdera um filho. E isso foi o que ele escreveu a ela; eu citei estas palavras a Phil e Janet, depois de lhes dizer: "Não sei pelo que vocês estão passando, mas conheço aquele que sabe". Então lhes escrevi as palavras de Samuel Rutherford. Foi isto o que ele disse, após perder duas filhas: "A graça não elimina os sentimentos de uma mãe, mas os põe no moinho daquele que faz novas todas as

A MENSAGEM

coisas, a fim de refiná-los [...] Ele ordena que você chore: e aquele rei magnífico que subiu ao céu, levando consigo um coração humano para ser um Sumo Sacerdote compassivo [...] O cálice que você bebe estava ante os lábios do doce Jesus — e ele o bebeu".[5]

Janet me escreveu a seguinte resposta: "A tempestade da dor está se acalmando, e o Senhor está pintando um retrato novo e diferente de si mesmo". Eu pude ver, na experiência dela, que o próprio sofrimento era um meio insubstituível. Deus estava usando aquilo para falar a Janet e Phil de um modo que não poderia ter falado se não lhes tivesse capturado a atenção com a morte daquela pequena criança.

Ora, eu não quero ser simplista demais, como se isso explicasse tudo, dizer que Deus tinha de dizer algo àquelas pessoas; afinal, se eu sei algo sobre piedade, sei que tanto Phil como Janet Linton são pessoas piedosas. Isso leva a outra pergunta dolorosa, não é? Muitas vezes, nós perguntamos: "Por que isso ou aquilo teve de acontecer a ela? Ela é uma pessoa incrível. Por que ele teve de passar por isso? Ele é uma pessoa incrível". Bem, de novo, as palavras são: "Confie em mim".

Quando era estudante universitária, eu me aventurei na poesia, como, suponho, muitas moças adolescentes fazem a certa altura da vida. Escrevi algumas palavras que posteriormente me pareceram ser quase proféticas. De fato,

---

5   Disponível em: https://www.gutenberg.org/files/42557/42557-h/42557-h.htm

O **SOFRIMENTO** NUNCA É EM VÃO

não lembro exatamente se houve alguma razão específica para eu haver escrito tais palavras naquela época, porém algo me dera uma pista de que certa medida de solidão me esperava mais à frente. Foi isto que escrevi:

> Quiçá nalgum dia futuro, Senhor, tua potente mão me guie a um lugar onde devo permanecer totalmente sozinha.
> Sozinha, ó gracioso Amado, mas por tua causa.
> Devo contentar-me simplesmente ao poder ver Jesus.
> Não conheço teu plano para os anos por vir, meu espírito acha em ti seu perfeito lar.
> Suficiência.
> Senhor, todo o meu desejo agora está diante de ti, guia-me, não importa para onde, não importa como.
> Eu confio em ti.

Comecei a manter diários quando tinha cerca de 16 ou 17 anos e os tenho mantido desde então. Isso soma vários anos a esta altura. Então, fui atrás de reler alguns daqueles primeiros diários em preparação para esta mensagem. Pensei: "Bem, você sabe, é melhor eu ir até lá e ver se realmente conheço algo sobre o qual vou falar".

Nos diários, encontrei algumas coisinhas, embora, antes, eu tenha admitido não achar que eu conheça muito, em comparação com outras pessoas. Algo que notei e considerei importante foi o fato de eu, repetidas vezes, citar hinos sobre a cruz, hinos que foram os meus preferidos em épocas distintas. Um deles, que aprendi na faculdade, dizia: "Oh, ensina-me o que significa ali ao alto tal madeiro levantado, com aquele homem de dores a sangrar e morrer condenado".[6] Quando éramos crianças ainda bem pequenas, um dos hinos que aprendemos em nossas orações familiares — costumávamos cantar um hino todas as manhãs, nas orações familiares — foi *Jesus Keep me Near the Cross* ("Jesus, mantém-me perto da cruz").[7]

Minha filha tem ensinado alguns desses hinos aos seus próprios filhos. Acho que nunca me esquecerei de quando vi o pequeno Jim, aos dois anos, balançando com força sua irmãzinha recém-nascida, Colleen, embalando-a naquelas pequenas redes e cantando: "Sim, na cruz, sim, na cruz, sempre me glorio; e, enfim, vou descansar, salvo, além do rio". Ali estava aquele pequeno garoto, apenas balançando com força uma bebezinha no melhor momento de sua vida e entoando esse hino profundo sobre a cruz.

Eu poderia continuar mencionando hinos que sei de cor. Há muito tempo *Beneath the Cross of Jesus* ("Aos pés da cruz de Jesus") tem sido um dos meus preferidos. Porém, enquanto me deparava com as citações em meus diários, eu pensava: "O que eu imaginava que seria a resposta às ora-

---

6   O hino "O teach me what it meaneth" foi escrito por Lucy Ann Bennett e James William Elliott. Disponível em: https://www.hymnal.net/en/hymn/h/1076.

7   Fanny Crosby e William Howard Doane. Disponível em: https://www.hymnal.net/en/hymn/h/1059.

O **SOFRIMENTO** NUNCA É EM VÃO

ções que eu fazia naqueles hinos? Que tipo de resposta eu realmente esperava que Deus me daria?". Eu esperava algum tipo de revelação extraordinária? Talvez alguma nova e profunda descoberta sobre o significado da cruz? Eu esperava que Deus me tornasse algum tipo de gigante espiritual, para que eu tivesse na ponta da língua mistérios sobre os quais as outras pessoas não tinham conhecimento algum? Bem, não faço a menor ideia do que eu realmente pensava. Suponho que tudo fosse demasiadamente vago e místico na minha mente, e que eu não sabia o que Deus daria como resposta àquela oração.

Mas posso olhar em retrospectiva para esses cerca de 45 anos e ver que Deus, de fato, ainda está respondendo a essas orações. "Ensina-me o que significa ali ao alto, tal madeiro levantado". O que é esse grande símbolo da fé cristã? É um símbolo de sofrimento. E é disso que trata a fé cristã. Ela lida de frente com essa questão do sofrimento, como nenhuma outra religião no mundo faz. Qualquer outra religião, de certa maneira, foge do assunto. O cristianismo tem, em seu próprio cerne, essa questão do sofrimento.

E ela vem, a resposta às nossas orações — "ensina-me o que significa: 'Sim, na cruz, sempre me glorio'". A resposta vem não na forma de uma revelação, explicação ou visão, mas na forma de uma pessoa. Deus vem a você e a mim em nossa tristeza. E ele diz: "Confia em mim. Anda na minha presença".

A MENSAGEM

Preciso inserir aqui mais uma história dos meus netinhos, e você vai ter de me aturar. Você sabe como as avós gostam de contar histórias de seus netos. E muitas vezes elas soam muito apropriadas. Nesse caso específico, minha netinha de quatro anos, Christiana, teve de ser disciplinada quatro vezes ao dia, três vezes no mesmo dia, pela mesma desobediência. Ela não havia respondido prontamente ao ser chamada. E, assim como minha mãe tratava a obediência tardia como o mesmo que desobediência, minha filha Valerie tenta fazer da mesma forma. Assim, Christiana foi disciplinada três vezes só naquele domingo.

Então, no domingo à noite, quando chegou a hora de ir para a igreja e ela foi chamada, ela saiu correndo até o carro, as lágrimas rolando pelo rosto, seus braços cheios com uma Bíblia, um caderno e uma caneta — lembre-se: uma menina de quatro anos, mas tinha de ir à igreja com uma Bíblia, um caderno, uma caneta, suas presilhas, seus colares, suas pulseiras, suas faixas de cabelo, sabe-se lá o que mais era essencial. Todas essas coisas caindo de seus braços. Ela vinha tropeçando pelo caminho. Lágrimas rolando pelo rosto. Então, ela parou e disse: "Ah, mamãe! Se ao menos Adão e Eva não tivessem pecado!". Aquela criança estava sofrendo por viver num mundo caído, e você e eu vivemos nesse mesmo mundo caído.

Precisamos olhar para esses fatos terríveis, o fato do pecado, do sofrimento e da morte, o fato de que Deus criou um mundo no qual essas coisas são possíveis. O fato de que

O **SOFRIMENTO** NUNCA É EM VÃO

ele nos ama, ou seja, que não deseja nada menos que nossa perfeição e alegria. O fato de que ele nos deu a liberdade de escolher, e o homem decidiu que suas próprias ideias de perfeição e alegria eram melhores que as de Deus, creu no que Satanás lhe disse e, assim, o pecado e o sofrimento entraram no mundo. E agora nós dizemos: "Por que Deus não faz algo a esse respeito?". A resposta cristã é: ele fez. Ele se tornou a vítima, um cordeiro imolado antes da fundação do mundo.

George Herbert, outro poeta do século XVII, escreveu isto: "Aflições de toda sorte, angústias de todo tamanho. Finas redes e esquemas[8] que nos capturam".[9] Depois, George MacDonald, o poeta do século XIX, disse o seguinte: "A dor, com cães e lanças, perseguirá e alcançará a falsa fé com os corações humanos".[10] Eles nos dão duas expressões diferentes do que Deus está fazendo. Finas redes e esquemas que nos capturam, que nos dão essa mensagem. E a segunda expressão reitera as palavras do salmista no Salmo 46: "Deus é o nosso refúgio e fortaleza, socorro bem-presente nas tribulações. Portanto, não temeremos ainda que a terra se transtorne e os montes se abalem no seio dos mares" (Sl 46.1-2).

---

8   A palavra original era estratagema, que significa "esquema" e foi alterada aqui em nome da clareza.

9   George Herbert, poema intitulado "Sin (I)". Disponível em: https://www.poetryfoundation.org/poems/44373/sin-i.

10   George MacDonald, "A book of strife in the form of a diary of an old soul — September". Disponível em: https://www.poeticous.com/george-macdonald/a--book-of-strife-in-the-form-of-the-diary-of-an-old-soul-september.

Eu falo com você como alguém que tem necessitado desesperadamente de um refúgio. E, nesse mesmo salmo, ele diz: "Aquietai-vos". Alguém me disse que é legítimo traduzir assim: "Cale a boca e entenda que eu sou Deus". Essa é a mensagem.

> Ele vem a você e a mim em nossa tristeza. E ele diz: **"Confia em mim.** Anda na minha presença".

Aceitação

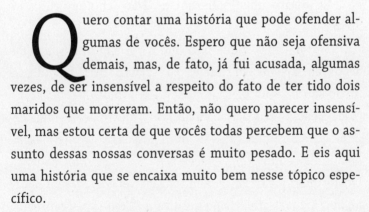

Capítulo 3

Quero contar uma história que pode ofender algumas de vocês. Espero que não seja ofensiva demais, mas, de fato, já fui acusada, algumas vezes, de ser insensível a respeito do fato de ter tido dois maridos que morreram. Então, não quero parecer insensível, mas estou certa de que vocês todas percebem que o assunto dessas nossas conversas é muito pesado. E eis aqui uma história que se encaixa muito bem nesse tópico específico.

Alguns anos atrás, houve um incidente. Lars e eu estávamos em Birmingham, Alabama. Era um café da manhã, e Lars estava procurando o lugar que lhe fora reservado. E lá estava uma senhorinha, marcando os lugares de

O **SOFRIMENTO** NUNCA É EM VÃO

cada convidado nas diversas mesas. Ele e ela conversavam para lá e para cá. Não havia mais ninguém no salão naquele momento. E, de repente, ela se virou para ele e perguntou: "Por sinal, qual é o seu nome?". E ele respondeu: "Bem, eu também sou um Elliot". Ela olhou para ele e disse: "Você é o marido da palestrante?". E ele respondeu: "Sim". E ela disse: "Ora, que estranho! Eles, quero dizer, achei que eles tinham me dito que você tinha outro sobrenome". E ele disse: "Bem, na verdade, eu tenho. Meu sobrenome é Gren". E continuou: "Sabe, eu sou o terceiro marido". Então, o semblante dela mudou e ela disse: "Puxa vida! Mas nós só temos um lugar reservado!". Ela estava falando muito sério. E Lars disse: "Acredito que a senhora não precise se preocupar com isso. Os outros dois estão mortos. Não acho que eles vão aparecer".

Bom, mas o que isso tem a ver com o assunto da aceitação? É algo bem simples: eu jamais poderia falar desse modo sobre Jim e Ad, não fosse pelo fato de que, pela graça de Deus, fui capacitada a aceitar a morte deles. Mais de uma vez em minha vida, algumas pessoas se aproximaram de mim, dizendo: "Como você é capaz de falar sobre seus falecidos maridos dessa maneira insensível e irreverente?". E algumas viúvas até mesmo me dizem: "Como você consegue evitar comparar seus maridos?". E eu respondo: não consigo.

Eu já fiz toda sorte de comparações entre meus maridos. E você pode ter certeza de que eu jamais teria acei-

ACEITAÇÃO

tado a proposta de casamento de Lars se ele não houvesse se saído muito bem nessa comparação com os dois primeiros. Embora eles sejam homens muito diferentes, ao menos todos tinham algo em comum, ou seja, eles gostavam de mim. Mas o fato é que eles são homens com dons muito diferentes. E uma das coisas que Deus trouxe à minha mente, quando eu considerava a proposta de Lars antes de lhe responder, foi um versículo em 1 Coríntios 12. Os homens possuem dons diferentes, mas é o mesmo Senhor quem executa seus propósitos por meio de todos eles.

Creio que a aceitação é a chave para a paz nesse assunto do sofrimento. Como eu disse, o ponto crucial de toda a questão é a cruz de Jesus Cristo. E essa palavra *crucial* vem de *cruz*. A cruz é a melhor coisa que já aconteceu na história humana, e é também a pior. Aqui, no *seu* amor, a Escritura nos diz. Não que tenhamos amado a Deus aqui no seu amor, não que *nós* tenhamos amado a Deus, mas ele nos amou e a si mesmo se entregou, não, aqui no *seu* amor Cristo entregou a sua vida por nós.

Quando falamos do amor da forma como a Bíblia fala do amor, não estamos tratando de um sentimento tolo. Não estamos falando de uma emoção, de uma disposição de humor ou de uma paixão. O amor

> *Não que tenhamos amado a Deus aqui no seu amor, não que nós tenhamos amado a Deus, mas ele nos amou e a si mesmo se entregou, não, aqui no seu amor Cristo entregou a sua vida por nós.*

O SOFRIMENTO NUNCA É EM VÃO

de Deus não é um sentimento. É um amor voluntário e inexorável que não ordena nada menos que o melhor para nós. O amor de Deus deseja a nossa alegria. Eu penso no amor de Deus como sinônimo da vontade de Deus.

Pessoas mais jovens às vezes me dizem: "Todo esse assunto da vontade de Deus é tão assustador! Eu não sei como você pode apenas entregar sua vida por completo a Deus, sem saber o que ele vai fazer". Bem, mas é nisso que consiste a fé, não? Se, de fato, você crê que alguém a ama, então você confia nele. A vontade de Deus é amor. E o amor sofre. É assim que sabemos em que consiste o amor de Deus por nós, pois ele estava disposto a se tornar homem e levar sobre si nossos pecados, nossas dores, nossos sofrimentos.

O amor está sempre indissociavelmente ligado ao sofrimento. Qualquer pai sabe disso. Qualquer mãe sabe disso. Talvez antes você soubesse apenas em teoria, mas, quando aquele bebê nasce, se a mãe ainda não havia sofrido antes — durante aqueles nove meses —, certamente chegou o tempo em que ela tem de sofrer. E, quando aquele bebê nasce e o parto termina, então todas nós, nós que somos mães, sabemos que aquilo é só o começo, não é? E nenhum pai ou mãe consegue imaginar quais mudanças haverá em sua vida, a despeito de quanto tenham lido ou de quanto tenham ob-

> *A vontade de Deus é amor. E o amor sofre.*

servado a respeito. Mas a presença daquele novo e pequenino ser humano em sua vida muda tudo.

E envolve sacrifício, um dia após o outro, uma noite após a outra. Mas nem por isso você se prostra e sente pena de si mesma. Não é algo que faz você reclamar e lamentar, exceto talvez de vez em quando. Mas *é* algo bastante real, não é? É a minha vida pela sua. E isso, senhoras e senhores, é o princípio da cruz. Era isso que Jesus estava demonstrando. A minha vida pela sua.

O sofrimento é um mistério. Não é explicado, mas é afirmado. E precisamos nos lembrar de que todo o cristianismo repousa em mistérios. Aquelas de vocês que pertencem a igrejas que usam credos sabem que, ao fazê-lo, vocês estão articulando um conjunto de afirmações sobre a fé, e cada uma delas lida com um mistério. Acaso existe alguém que se chame pelo nome de cristão e que possa explicar a Trindade? Há alguém que possa, por exemplo, descrever a ginecologia do nascimento virginal? Há algum especialista em aerodinâmica que nos possa dizer algo sobre a ascensão de Cristo? Esses são todos mistérios. Criação, redenção, encarnação, crucificação, ressurreição — essas grandiosas palavras-chave da fé cristã são mistérios.

Nós ficamos de pé, como um só corpo na igreja — a igreja que eu frequento, por exemplo — e, juntos, recitamos um credo em voz alta. Não estamos explicando nada. Estamos apenas afirmando. E é nisso que consiste o cristianismo. Deus é Deus. Deus é um só Deus em três pessoas.

O **SOFRIMENTO** NUNCA É EM VÃO

Ele nos ama. Não estamos à deriva, numa espécie de caos. Para mim, não há nada que me dê mais força, mais estabilidade e mais paz, de tudo o que conheço no universo. Sempre que

> *O sofrimento é um mistério. Não é explicado, mas é afirmado. E precisamos nos lembrar de que todo o cristianismo repousa em mistérios.*

as coisas aparentemente desmoronam em minha vida, volto para essas coisas que não mudam. Nada no universo jamais pode mudar esses fatos. Ele me ama. Eu não estou à mercê do acaso.

Certa vez, eu e Lars fomos ao aeroporto para pegar um voo para um ou outro lugar e, penso, nosso voo deveria partir pela manhã, às 11h30. Chegamos por volta das 10h30 e o aeroporto estava fechado. Havia filas enormes, desde o balcão de reservas até a calçada. Você não conseguia sequer passar pelas portas giratórias e entrar no aeroporto de Boston. Disseram-nos que todos os voos haviam sido cancelados e que as companhias não estavam assumindo a responsabilidade pela remarcação das passagens. Você tinha de entrar na fila e começar tudo de novo. Para completar, os bilhetes já adquiridos não tinham relevância alguma no tocante à nova reserva. Era uma verdadeira cena de terror e caos. As pessoas estavam aos prantos, irritadas e desanimadas. Era uma bagunça. Senti pena daquelas famílias que tinham filhos pequenos e seguiam para Orlando, para

ACEITAÇÃO

passar o feriado de inverno na Disney World, assim como dos estudantes universitários carregando seus esquis.

Houve até mesmo agressões. Havia pessoas tão irritadas com os coitados dos agentes nos balcões de reserva que chegaram às vias de fato. Ouvimos que, num avião, as pessoas já haviam embarcado quando, na pista de decolagem, foram avisadas de que o aeroporto estava fechado. Elas se recusaram a sair do avião. Ora, sabe, você apenas imagina que tipo de visão têm as pessoas que escolhem agir assim. Para mim, embora houvesse pessoas me esperando no meu lugar de destino, foi algo tranquilizador perceber que Lars e eu não estávamos à mercê das condições climáticas, muito menos do aeroporto.

Não estamos à deriva, no caos. Estamos seguras nos braços eternos. Portanto, e isso faz toda a diferença, podemos ter paz e podemos aceitar. Podemos dizer: "Sim, Senhor, eu o recebo". A faculdade pela qual Deus é compreendido é a faculdade da fé. E a minha fé me capacita a dizer: "Sim, Senhor. Eu não gosto do que tu estás fazendo. Não o entendo. Tu hás de cuidar daquelas pobres pessoas na outra ponta, a quem eu pensei que falaria neste dia específico. Mas, Deus, tu estás no comando". Eu conheço aquele que está no comando do universo. Onde ele tem o mundo inteiro? Em suas mãos. E é nelas que estou.

> *Não estamos à deriva, no caos. Estamos seguras nos braços eternos.*

O **SOFRIMENTO** NUNCA É EM VÃO

Então, para mim, esta é a chave para a aceitação: o fato de que nunca é em vão. A fé, podemos dizer, é o sustentáculo de nosso equilíbrio moral e espiritual. Pense numa gangorra. O sustentáculo é o ponto no qual a gangorra se apoia. E meu equilíbrio moral e espiritual depende daquela firmeza de fé. E a minha fé, é claro, se apoia na rocha que é Jesus Cristo.

Mas a fé, como o amor, não é um sentimento. Precisamos deixar isso absolutamente claro. A fé não é um sentimento. A fé é uma ação obediente da vontade. Jesus disse repetidas vezes: "Não vos amedronteis". "Não temais." "Não se turbe o vosso coração." "Credes em Deus, crede também em mim." "Aceite, tome a cruz e siga-me."

Ele disse: "Se você quer ser minha discípula, há três condições. Primeiro, você deve renunciar ao seu direito sobre si mesma. Segundo, você deve tomar sua cruz. Terceiro, você deve seguir". Entendo que renunciar ao direito sobre si mesma é dizer não para si. E tomar a cruz é dizer sim a Deus. "Senhor, seja lá o que tens para mim, eu o recebo. Sim. Sim. Sim."

Há uma antiga inscrição, ouvi dizer, gravada numa casa paroquial na Inglaterra, em algum lugar do litoral — uma inscrição saxã que diz: "Faça a próxima coisa". Não conheço uma receita mais simples para a

> *Faça a próxima coisa. Isso me ajudou a ultrapassar mais agonias do que qualquer outra coisa que eu poderia recomendar.*

ACEITAÇÃO

paz, para o alívio da pressão e da ansiedade, do que essa palavra de sabedoria tão prática e tão "pé no chão". Faça a próxima coisa. Isso me ajudou a ultrapassar mais agonias do que qualquer outra coisa que eu poderia recomendar.

Quando descobri que meu marido estava morto, eu tinha ido à base aérea missionária num lugar chamado Shell Mera, no limite da floresta, para estar com as outras quatro esposas enquanto esperávamos alguma notícia sobre nossos maridos. E, quando, finalmente, chegou a notícia de que todos os cinco homens haviam sido mortos com lanças, então, é claro, nós tínhamos decisões a tomar. Voltaríamos aos nossos postos na floresta ou faríamos alguma outra coisa?

Decidi voltar ao meu posto na floresta. Jamais considerei qualquer outra opção, pois, para início de conversa, eu já era uma missionária mesmo antes de me casar com Jim Elliot, antes mesmo de ficar noiva de Jim Elliot. Então, nada havia mudado no que diz respeito ao meu chamado missionário. Mas eu tinha de voltar para um posto no qual não havia nenhum outro missionário e tentar fazer, sozinha, o trabalho que dois de nós vínhamos fazendo juntos. Então, não era como se eu não tivesse nada para me manter ocupada.

Eu tinha uma escola de cerca de quarenta meninos para supervisionar. Eu não era a professora, mas, em certo sentido, estava no comando da escola. Eu tinha uma igreja recém-plantada, com cerca de 15 crentes batizados sem

O SOFRIMENTO NUNCA É EM VÃO

uma Escritura em suas mãos, e eu deveria ser a pessoa a realizar a tradução. Eu tinha uma turma de alfabetização com cerca de 12 meninas, a quem eu estava ensinando a ler em sua própria língua, para que, afinal, elas pudessem aprender a ler a tradução da Bíblia, na qual eu estava trabalhando simultaneamente. Eu tinha um bebê de dez meses para cuidar. Eu tinha os milhares de detalhes de como manter um posto na floresta, como aprender a operar um gerador a diesel, aplicar medicações corretamente e realizar partos nas horas vagas.

Eu realmente não tinha tempo para me sentar, refestelar-me com pena de mim mesma e afundar num lamaçal de autopiedade. Eu fiz a próxima coisa. E sempre havia uma próxima coisa depois dela. E eu descobri muitas vezes na vida — como, por exemplo, de novo, depois da morte do meu segundo marido — o simples fato de que, embora vivesse numa casa bastante civilizada, eu tinha pratos para lavar. Tinha o chão para limpar. Tinha as roupas para lavar. Essa foi a minha salvação.

Alguns anos atrás, eu tive o privilégio e o prazer de cuidar de quatro dos meus netos, enquanto os pais deles estavam longe numa viagem e haviam levado consigo o quinto filho, então recém-nascido. Essa foi a única vez que eu tive a oportunidade de fazer isso. Meus netos moram no sul da Califórnia, e eu moro no nordeste. Então, eu estou entre as avós solitárias, e não entre as avós esgotadas. Ao fim do primeiro dia, minha filha teve a consideração de me ligar

ACEITAÇÃO

à noite. Ela disse: "Bem, mamãe, como você está?", ao que respondi: "Bem, elas são crianças maravilhosas, são muito obedientes e tudo o mais. Mas eu não sei se vou aguentar os próximos quatro dias". Eu estava cansada, para dizer o mínimo. Eu tinha de fazer a pergunta que minha filha de fato não gostaria que eu fizesse: "Como você consegue?". Pois, a cada minuto do dia, eu pensava: "Estou o dia inteiro correndo cada segundo para fazer o que precisa ser feito, mas a minha filha tem um bebê de colo que lhe exige mais seis horas do dia". E eu não parava de pensar: como ela consegue? Como ela consegue?

Então, eu tive de lhe perguntar. Eu sabia que ela não gostaria que eu o fizesse. Mas eu disse: "Val, como você consegue?". Ela riu ao telefone e disse: "Mamãe, eu apenas faço o que a senhora me ensinou, anos atrás. Eu faço a próxima coisa". Ela me disse para não pensar em todas as coisas a serem feitas. E que apenas fizesse a próxima coisa. Então, segui seu conselho e nós passamos os quatro dias seguintes — não apenas pela média, mas com louvor. Mas foi a aceitação que me capacitou a fazê-lo, pois eu, de fato, acreditei que aquilo não era uma casualidade.

Cerca de seis semanas após a morte de Jim, recebi uma carta da minha sogra. Eu vinha escrevendo cartas a meus pais e sogros, tentando lhes reafirmar a verdade de que Deus estava conosco. Tudo estava bem. Eles não precisavam se preocupar comigo. Todos eles, meus sogros e meus próprios pais, estavam morrendo de preocupação, como

O **SOFRIMENTO** NUNCA É EM VÃO

você pode imaginar. E nós, pais, tenho certeza, às vezes sofremos cem vezes mais que nossos filhos sofrem. Embora pensemos que a situação seja pior do que de fato é, nunca conseguimos enxergar o modo como a graça de Deus opera na pessoa que dela necessita.

Então, minha sogra me escreveu esta carta, dizendo estar muito temerosa de que eu estivesse reprimindo meus sentimentos, pois não era normal a maneira como eu estava reagindo, simplesmente seguindo em frente. Eu estava apenas tentando me manter ocupada e, talvez, estivesse me enterrando em meu trabalho. E também me disse que, no fim das contas, eu iria simplesmente desmoronar, de modo que, subitamente, minha paz desapareceria. Então, comecei a me perguntar se ela não estava certa. Será que não existe essa coisa como a paz que excede todo o entendimento? Será que Deus pode, de fato, cumprir sua Palavra?

Eu continuava voltando-me para as promessas que Deus me dera. Eu as tinha bem à mão, em meu diário. Dia após dia, Deus me dava promessas que apenas me capacitavam a seguir adiante. Jesus Cristo, o mesmo ontem, hoje e eternamente. Jim havia morrido ontem. Mas o mesmo Senhor estava comigo hoje. E eu não precisava me preocupar com os cinquenta anos por vir, o que é uma tentação para qualquer um que tenha perdido uma pessoa amada. Você pensa: "Bem, acho que eu conseguiria aguentar até o jantar hoje à noite, mas realmente não tenho certeza sobre o

ACEITAÇÃO

amanhã, ou a próxima semana, muito menos os próximos cinquenta anos".

E, naquela mesma correspondência em que veio a carta desconcertante da minha sogra, recebi um poema de Amy Carmichael que veio numa carta circular da missão dela. O poema dizia: "Se tempestuoso vento nos irrompe, nossa vontade a firmar e reforçar; ouve-nos, só por causa do teu nome, sustém-nos e nos faz aquietar. Como inabaláveis os montes se mantêm pelos incontáveis anos de pressão, em tua destra esperemos nós também na quietude e firmeza de tua mão".[1] Bem, isso soa bastante forte e corajoso, não? Mas ouça a última estrofe: "Mas tal força não é nossa, Senhor, e tal constância de nós não vem. Tua eterna Palavra é nosso penhor, na tua presença nossa segurança se mantém".

Esta verdade vital sustentou minha mente e meu coração: Deus realmente queria dizer o que estava dizendo, que ele estava bem ali. E um dos versículos que Deus me dera antes de eu ir para o Equador estava em Isaías 50.7: "Porque o Senhor Deus me ajudou, pelo que não me senti envergonhado; por isso, fiz o meu rosto como um seixo e sei que não serei envergonhado".

Eu me sentia tentada, como todas nós estamos, a dizer: "Bem, Senhor, tu prometeste me ajudar, mas tu tens um jeito engraçado de fazê-lo. Essa não era a minha ideia de como Deus deveria ajudar uma de suas servas que está

---

1 Poema intitulado "Security", em Mountain Breezes: The Collected Poems of Amy Carmichael.

O **SOFRIMENTO** NUNCA É EM VÃO

tentando ser obediente e fiel". E o que Deus diz diante de um argumento como esse? O mesmo de sempre: "Confie em mim". "Confie em mim." Algum dia, até você verá que há sentido nisso. O sofrimento nunca é em vão.

Meu marido Jim era um carpinteiro razoavelmente bom. Ele havia construído uma casa muito boa na floresta, uma casa bem apresentável com um piso de cimento, paredes de madeira e um telhado de alumínio. Ele havia construído até mesmo um belo sistema hídrico que coletava a água do telhado de alumínio e a bombeava para a casa, de modo que nós tínhamos, de fato, um banheiro com descarga, chuveiro e pia. E ele começou a encher a casa com toda sorte de móveis úteis, e nada incrivelmente belos.

Mas, quando Jim estava fabricando um móvel, algo que ele não suportava era que eu ficasse observando atrás dele. Eu começava a perguntar: o que é isso, você sabe? E o que você está fazendo com essa ferramenta? E por que você está fazendo desse jeito? E como você vai conseguir encaixar essa coisa naquela? E ele me dizia: "Vá embora. Quando estiver pronto, eu saberei". Isso nos fornece uma analogia bem simples: Deus está dizendo: "Confie em mim". Aceite agora. Veja depois.

De quantas escolhas você precisa até ser levado de volta àquelas duas alternativas? Ou você crê que Deus sabe o que está fazendo ou crê que ele não sabe. Ou você crê que ele é digno de confiança ou você está dizendo que ele não é. Então, de que lado você está? Você está à mercê do caos, não

ACEITAÇÃO

do cosmo. *Caos* é a palavra grega para desordem. *Cosmo* é a palavra para ordem. Ou nós estamos vivendo num universo ordenado, ou estamos tentando criar nossa própria realidade.

Aceitação é um ato voluntário e deliberado. Deus estava me dando algo para fazer. A próxima coisa a fazer era: "Sim, Senhor". Aceite. E essa é a chave para a paz. Mas como faz sentido dizer a um ser humano comum: "Aceite este sofrimento"? Isso não é contrário à natureza humana? Quero deixar algo muito claro aqui, pois percebo que cada palavra que digo pode ser distorcida, deturpada e mal-entendida. Quero fazer o possível para esclarecer ao máximo o que quero dizer por "aceitar". Não estou falando de coisas que possam ser mudadas e/ou que devam ser mudadas.

Há algumas coisas que podem ser mudadas, mas não devem ser. Por exemplo, um querido jovem rapaz que eu conhecia decidiu largar sua esposa e seus dois filhos quando o segundo tinha apenas uma semana de idade. E ele foi até o fim e fez isso, apesar de todos os conselhos em contrário. Alguns anos depois, indaguei a ele: por quê? E ele respondeu que não estava dando certo.

Eu ouço isso por todos os lados. Todas nós ouvimos, não é? Sabemos que isso está acontecendo em todos os lugares. Surge uma situação que nós achamos que deve ser mudada e nós concluímos que essa é a coisa certa a fazer. "Você só precisa se livrar dela, pois é um caso de incompatibilidade de gênios." Então, quando digo que há coisas que podem

O **SOFRIMENTO** NUNCA É EM VÃO

ser mudadas, mas não devem ser, esse pode ser um exemplo. Há muitas coisas que não podem ser mudadas. E há coisas que precisam ser mudadas, como maus-tratos contra pessoas. Então, não estou — e quero deixar isso muito claro entre nós — dizendo para você aceitar tudo, simplesmente resignar-se e nem sequer pensar nas piores coisas que lhe acontecem. Não é esse meu objetivo aqui.

Lembre-se que o apóstolo Paulo orou pela remoção daquele espinho na carne. E qual foi a resposta? Ele orou três vezes para que Deus removesse aquele espinho. E a resposta foi: "A minha graça te basta" (2Co 12.9); "minha graça é suficiente para você" (NVI). E é muito interessante — e muito importante, penso — Paulo dizer: "Um espinho me foi posto na carne para impedir que eu me exaltasse excessivamente". E depois ele diz que aquilo era um mensageiro de Satanás.

Isso parece ser uma contradição, pois, obviamente, era Deus quem se preocupava com o fato de ele se exaltar excessivamente. Satanás teria prazer se nos exaltássemos excessivamente. Mas ele disse: "a fim de me impedir de exaltar excessivamente por causa de uma experiência espiritual particular" — a qual ele acabara de descrever naquele capítulo, 2 Coríntios 12 — e: "a fim de me livrar daquilo, me foi dado um espinho na carne". E era um mensageiro de Satanás, segundo ele.

Então, quando você junta tudo isso e pensa: essa coisa vem de Deus ou vem de Satanás? É a voz de Deus ou

ACEITAÇÃO

a voz de Satanás? Pare de se preocupar com isso. Você não precisa solucionar isso, pois aqui está um caso em que o espinho era, num sentido, dado por Deus como um mensageiro de Satanás. E eu consigo pensar em mais um, ao menos mais um, exemplo bíblico no qual há essa mesma contradição aparente: quando José diz aos seus irmãos que eles o haviam enviado para o Egito. Mas ele diz: "Deus me enviou ao Egito". Nós sabemos que os irmãos de José estavam pecando contra ele, mas foi Deus quem o enviou para lá.

Então, quando a resposta não dizia respeito ao espinho na carne, mas era a resposta à oração de Jesus no Getsêmani, sabemos que não há nada de errado em orar para que Deus resolva nossos problemas, cure nossas doenças, pague nossas dívidas e resolva nossas dificuldades conjugais. É correto e apropriado trazermos essas petições a Deus. Não estamos orando contra a vontade dele. Mas, quando a resposta é não, então nós sabemos que Deus tem preparado algo melhor. Algo muito melhor está preparado. Há outro nível, outro reino, um reino invisível que você e eu não podemos ver agora, mas em cuja direção nos movemos e ao qual nós pertencemos.

E um verso que, para mim, resume bem essas coisas que tenho tentado dizer neste tópico da aceitação contém outra contradição aparente, a qual encontro no Salmo 116. O salmista diz: "Que darei ao SENHOR por todos os seus benefícios para comigo?" (v. 12). Eu estava lendo essa passagem, certo dia, quando me senti inundada de gratidão por

O **SOFRIMENTO** NUNCA É EM VÃO

> *Quando a resposta é não, então nós sabemos que Deus tem preparado algo melhor. Algo muito melhor está preparado. Há um outro nível, outro reino, um reino invisível que você e eu não podemos ver agora, mas em cuja direção nos movemos e ao qual nós pertencemos.*

todas as bênçãos da minha vida. Ali estava eu, apenas sentada numa cadeira olhando para o oceano; e eu olhava para aquela paisagem magnificente, numa sala confortável, e simplesmente dizia: "Senhor, eu não sei como te agradecer. Como posso te agradecer?". Então, abri minha Bíblia nesse verso, no qual o salmista diz: "Que darei?". E vi que o verso seguinte é: "Tomarei o cálice da salvação" (v. 13). O que eu te darei, Senhor? E a resposta é: eu tomarei o cálice da salvação.

Ora, o que há no cálice da salvação de Deus? Obviamente, o salmista, no período do Antigo Testamento, não estava pensando na salvação nos termos mais estritos como às vezes nós fazemos. Seja lá o que estiver no cálice que Deus está me oferecendo — dor, tristeza, sofrimento ou lamento, como também as superabundantes alegrias —, estou disposta a tomar, pois eu confio nele. Porque sei que o que Deus quer para mim é sempre o melhor. E eu receberei tudo isso em seu nome.

Preciso de momentos de dor porque Deus tem algo mais grandioso em mente. Nunca é em vão. E por isso eu

ACEITAÇÃO

digo: "Senhor, em nome de Jesus, por tua graça eu os aceito".

Seja lá o que estiver no cálice
que Deus está me oferecendo
— **dor, tristeza, sofrimento
ou lamento, como também as
superabundantes alegrias** —,
estou disposta a tomar, pois eu
confio nele.

Gratidão

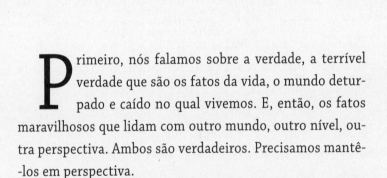

Capítulo 4

Primeiro, nós falamos sobre a verdade, a terrível verdade que são os fatos da vida, o mundo deturpado e caído no qual vivemos. E, então, os fatos maravilhosos que lidam com outro mundo, outro nível, outra perspectiva. Ambos são verdadeiros. Precisamos mantê-los em perspectiva.

Abraão olhou para os fatos de sua vida, sua própria idade e a esterilidade de sua esposa, mas a Bíblia diz que ele não duvidou da promessa de Deus (Rm 4.20). Ele olhou claramente para os fatos. E os cristãos devem ser pessoas preparadas para olhar firmemente para os fatos, os fatos horrendos. E, então, olhar para o outro nível no qual esses

O **SOFRIMENTO** NUNCA É EM VÃO

fatos podem ser interpretados e não duvidar da promessa de Deus. Esse foi o primeiro capítulo.

O segundo capítulo foi sobre a mensagem. Deus irá até o fim para atrair nossa atenção o suficiente e nos dizer: "Eu sou o Senhor. Eu amo você. Minha vontade para você é a alegria". Então, se pudermos nos lembrar desses dois aspectos — a verdade e a mensagem —, então será mais fácil para nós dizer: sim, Senhor. Aceitação.

Paulo aceitou o espinho, ainda que aquilo não fosse seu gosto e sua preferência. Jesus aceitou o cálice e disse: "Não se faça a minha vontade, e sim a tua" (Lc 22.42). E essa visão e esse mesmo princípio devem caracterizar cada uma de nós, cristãs, à medida que formos recebendo, da mão de Deus, o cálice da salvação contendo seja lá o que for, para nossa redenção e nossa perfeição finais. Não haverá nada naquele cálice da salvação, exceto o que for necessário.

Após dizer tudo isso, podemos dar graças a Deus? Agora, a gratidão é o assunto que está diante de nós. E eu gostaria de lhe dar três coisas para pensar dentro desse tema. Antes de tudo, gostaria de que pensássemos em duas coisas que devem distinguir os cristãos do restante do mundo; e, para ser bem sincera, ao viajar por aí e conhecer todos os tipos e variedades de cristãos, fico desanimada ao perceber que, com muita frequência, não parece haver diferença na maneira como eles vivem e na maneira como o restante do mundo vive, na maneira como eles respondem às experiências de sua vida e na maneira como o mundo responderia.

GRATIDÃO

Em outras palavras, se eles fossem presos sob a acusação de serem cristãos, haveria provas suficientes disso para condená-los? E eu estou sempre me fazendo esta pergunta: que diferença eu esperaria que os outros vissem na minha vida, a qual ao menos chamaria a atenção dessas pessoas e as faria dizer: "Há algo de diferente naquela mulher"?

Em meu livro *Let me be a woman* [Deixe-me ser uma mulher], eu disse que não sou um tipo diferente de cristão por ser mulher. Mas certamente devo ser um tipo bem diferente de mulher por ser cristã. Você conhece pessoas para as quais pode apontar e dizer: "Você vê aquela pessoa? Ela é uma cristã!"? "Observe a vida daquela mulher. Ela é uma cristã". Que tipo de evidência seus amigos veriam em sua vida?

Duas coisas que certamente devem distinguir você, a mim e todos aqueles que se dizem cristãos são a aceitação e a gratidão. E é muito difícil estabelecer uma distinção clara entre ambas. Se podemos aceitar uma dádiva, então podemos agradecer por ela. Ora, todas nós temos a experiência de receber todo o tipo de presentes de amigos, parentes, tias-avós e pessoas a quem temos de dizer "obrigada", mas, na verdade, não estamos muito felizes com a escolha delas. Quero dizer, quantos protetores de papel higiênico de crochê uma mulher consegue usar? Se aquilo é o que a tia Susie faz, então todo Natal e todo aniversário você talvez receba dela um protetor. E a única coisa que de fato se espera do destinatário é dizer: "Obrigada".

O **SOFRIMENTO** NUNCA É EM VÃO

Mas, quando falamos sobre as dádivas de Deus, falamos sobre dádivas que vêm daquele que sabe exatamente aquilo de que precisamos, muito embora não esteja necessariamente de acordo com nosso gosto e preferência. E ele nos dá tudo o que é apropriado ao trabalho que ele quer que façamos. Então, entendendo isso, podemos dizer: "Sim, Senhor, eu o recebo. Não teria sido minha escolha, mas, sabendo que tu me amas, eu o recebo e compreendo que, algum dia, entenderei a necessidade disso. Então, eu o recebo". Desse modo, posso dar aquele passo além e dizer: "Obrigada. Obrigada, Senhor".

Paulo diz que em tudo devemos dar graças. Não são as experiências de nossa vida que nos transformam. É a nossa reação a tais experiências.[1] E essa deveria ser uma distinção muito notável entre o cristão e o não cristão.

Num capítulo anterior, mencionei a reação variada das pessoas que vi no aeroporto de Logan, certo dia, quando o aeroporto estava fechado. Houve ali uma grande variedade de reações: de lágrimas a ira, contentamento e paz. Todas nós conhecemos pessoas que passaram por situações terríveis e saíram delas como ouro puro. Acredito que cada uma de nós conhece alguém assim, que passou por coisas horrendas, mas aquele fogo refinou aquele aço ou aquele ouro. Nós também conhecemos pessoas que passaram por situações igualmente ruins, talvez nem tão ruins, mas se

---

1   Efésios 5.20

GRATIDÃO

revelaram iracundas, amargas, ressentidas, lamuriantes e, geralmente, de difícil convivência.

Qual foi, então, a diferença? Não foram as experiências. Foi a reação delas. E a resposta de um cristão deveria ser ação de graças. "Obrigada, Senhor. Eu receberei isso". Penso que podemos dividir o mundo em duas categorias: as pessoas que cultivam o hábito de reclamar de tudo o que recebem ou não recebem; e aquelas que cultivam o hábito de dizer "Obrigada, Senhor" por tudo aquilo que recebem ou não recebem. E você se lembra da minha definição básica de sofrimento: ter o que você não deseja, ou desejar o que você não tem, o que cobre toda uma gama de eventos, desde os menores, como uma dor de dente ou impostos, até um tumor.

Para mim, foi uma experiência muito perturbadora viver naquela floresta, naquela tribo dos Auca, os assim chamados selvagens da idade da pedra que haviam assassinado meu marido. Alguns anos depois de sua morte, eu tive a oportunidade de viver com aquelas pessoas e conhecer aqueles que, de fato, haviam praticado o homicídio. E morei numa casa sem paredes. Todos viviam em casas sem paredes. Então, isso me deu a oportunidade de observar bem de perto praticamente tudo o que acontecia, de dia e de noite.

E eu também estava sob o mais implacável e intenso escrutínio das pessoas, pois eu parecia excêntrica no meio delas; e tudo o que eu fazia não era apenas excentricidade, mas algo extremamente hilário e digno de imitação. Então,

O **SOFRIMENTO** NUNCA É EM VÃO

experimentei muito disso. Eu, de fato, jamais me vira como uma comediante, até viver com os índios Auca e descobrir que eu era considerada um entretenimento ambulante.

Porém, uma das coisas que me chamaram a atenção em minhas observações de sua vida familiar foi que eles nunca reclamavam de nada. E a minha filha, é claro, cresceu ali na floresta com os índios. E ela tinha três anos quando fomos viver com os índios Auca. Ela havia morado com outros índios antes daquilo e, depois, nós voltamos e moramos com outros índios de novo.

Mas o marido dela me fez uma declaração que, tenho certeza, meu marido — talvez eu devesse dizer: nenhum dos meus maridos — jamais poderia fazer a meu respeito. Certo dia, Walt me disse acerca de Valerie: "Sabe, essa mulher nunca reclama de nada". E, é claro, meu coração de mãe imediatamente se encheu de orgulho, mas logo percebi que eu provavelmente não tinha absolutamente nada a ver com aquilo. De fato, era apesar de mim, e não por minha causa, que meu genro podia dizer aquilo; primeiro, porque Valerie é mais uma Elliot do que uma Howard, e os Elliot são pessoas muito mais entusiastas. Eu venho de uma longa linhagem de pessimistas, de ambos os lados da família. Campeões do pessimismo.

Porém, percebi que provavelmente a principal razão era o fato de ela haver crescido com índios que nunca reclamavam. Vivemos num lugar onde havia um clima terrível. Tínhamos 3.657 mm de chuva por ano. Então, quando via-

GRATIDÃO

jávamos, o que era sempre em trilhas a pé e, às vezes, de canoa, em geral ficávamos encharcadas. Às vezes, a lama nos cobria dos pés à cabeça — no mínimo, até os nossos joelhos. E estávamos à mercê de mosquitos, lama, mofo, pernilongos e vários outros incômodos.

E os índios vinham caminhando, numa trilha de talvez quatro horas, com, digamos, uma cesta de 23 quilos de comida nas costas — quem fazia isso eram as mulheres (os homens não podiam carregar 23 quilos, mas as mulheres, sim). E eu nunca, nem uma vez sequer, vi uma mulher arrancar aquelas tiras com as quais carregavam os cestos, colocá-los no chão e dizer: "Ufa!". Nunca. Elas simplesmente não faziam isso.

Ora, aquelas pessoas não eram cristãs. E, para a minha vergonha, digo que via entre elas um entusiasmo e uma aceitação graciosa, pacífica e serena daquilo que consideraríamos condições bastante hostis, mas que elas tinham como parte de sua rotina. Ninguém dava tapinha nas próprias costas pelo fato de não estar reclamando. Então, aprendamos uma ou duas lições com essas pessoas simples e cultivemos o hábito de, em vez de reclamar, dizer: "Obrigada, Senhor".

Provavelmente, minha filha está lidando com uma das questões mais difíceis com que os pais têm de lidar ao criar seus filhos, que é o choramingar. Os filhos dela são obedientes. Eles aprenderam a sê-lo. Eles sabem que devem levar a sério o que papai e mamãe lhes dizem. Mas não

O **SOFRIMENTO** NUNCA É EM VÃO

obedecem necessariamente com alegria. Eles não fazem isso necessariamente com um sorriso. E, às vezes, um deles precisa ser mandado de volta para o quarto até encontrar um rosto gentil. "Nós não gostamos desse tom de voz. Volte para seu quarto. E, quando encontrar um rosto gentil ou uma voz animada, então você pode voltar."

Amy Carmichael, a missionária na Índia cuja biografia escrevi sob o título *A Chance to Die* [Uma oportunidade para morrer], contava que, quando ela era criança num pequeno vilarejo na Irlanda do Norte, os filhos não apenas estendiam imediatamente a mão para a palmada, que era dada com uma pequena raquete chamada *pandy*, como também tinham de dizer: "Obrigada, mamãe". Essa é uma disciplina rígida, não?

Certa vez, uma moça encantadora se hospedou comigo e me contou uma história maravilhosa acerca da diferença que Jesus Cristo fizera em sua vida quando ela contava com cerca de 18 anos. E esse é o tipo de história que eu estou sempre procurando. Minha alma se empolga ao ver que há uma diferença prática, visível, "pé no chão", que Jesus Cristo fez na vida de alguém.

Ela me contou que tinha ido a uma reunião, acredito que do Young Life,[2] na qual o palestrante falara sobre honrar seu pai e sua mãe. E ela disse que, na maior parte do tempo, a mensagem estava entrando por um ouvido e sain-

---

2   Organização religiosa que visa à evangelização e ao discipulado de adolescentes, com sede no Colorado, EUA (N.T.).

GRATIDÃO

do pelo outro. Então, de repente, ela teve um estalo e disse: "Oh! Eu devo honrar meu pai e minha mãe. E eu e minha mãe muitas vezes somos como "gato e rato".

E ela disse: "Então, fui para casa, comecei a refletir sobre aquilo e pensei: oh, eu não consigo. Essa coisa de ser cristã é demais para mim". Mas ela disse: "Comecei a orar para que Deus me ajudasse a fazer aquilo, fosse lá o que significasse. Eu realmente não sabia o que significava. Mas eu sabia que reclamar, ser carrancuda e conviver com dificuldade, nada disso se encaixava com alguém que honra pai e mãe".

Ela continuou e disse: "Depois, eu queria ir a um evento e perguntei à minha mãe se poderia ir". Ela ainda morava na casa dos pais, então, embora tivesse 17 ou 18 anos, sabia que estava sob a autoridade deles. Bem, a mãe disse que ela não poderia ir ao evento. E ela disse: "Eu respondi: 'Tudo bem'". E então falou: "Eu não conseguia acreditar nos meus próprios ouvidos. Eu não acreditava. Fui para meu quarto, sentei-me e disse: 'Uau'. É a primeira vez na vida que não discuto com minha mãe". Aquele foi o primeiro passo daquela garota em sua obediência a Jesus Cristo.

É muito bom fazer profissões maravilhosas de fé em Cristo, orar, ler, cantar hinos, ir à igreja e fazer isso, aquilo e aquilo outro. Mas, quando a coisa fica séria, que diferença isso faz? Aquela garota foi capaz de dizer: "Obrigada, Senhor. Minha mãe disse não. Foi minha oportunidade de obedecer a Jesus Cristo". Então, esse é nosso primeiro

O **SOFRIMENTO** NUNCA É EM VÃO

ponto para este capítulo: a gratidão e a aceitação deveriam distinguir o crente.

A segunda coisa a considerar sobre gratidão é que ela honra a Deus. Tirei essa ideia diretamente da Bíblia, do Salmo 50.23, que diz: "Quem me oferece sua gratidão como sacrifício honra-me, e eu mostrarei a salvação de Deus ao que anda nos meus caminhos" (NVI). Ele me honra e prepara o caminho, de modo que eu posso lhe mostrar a salvação de Deus.

Permita-me voltar a 25 de outubro de 1972. Esse foi um dia bastante movimentado em minha vida. Encontrei um apartamento para minha mãe, que estava se mudando da Flórida para Massachusetts, para estar perto de três dos seus seis netos. Isso foi algo importante que aconteceu naquele dia. Então, o filho de uma amiga muito próxima foi morto num acidente de trânsito. Eu recebi a visita de uma jovem que tinha um filho de três anos com uma séria anomalia cardíaca. E nós nos sentamos em minha sala de estar e conversamos sobre as lições que Deus estava ensinando a ela em meio a tudo aquilo — e, entre essas lições, estavam a aceitação e a gratidão. A condição da criança era tal que os médicos lhe disseram que ela nunca saberia se o encontraria

> *É muito bom fazer profissões maravilhosas de fé em Cristo, orar, ler, cantar hinos, ir à igreja e fazer isto, aquilo e aquilo outro. Mas, quando a coisa fica séria, que diferença isso faz?*

GRATIDÃO

morto em sua cama ou em seu cercadinho. E não havia nada a fazer até ele completar quatro anos, mas talvez ele não chegasse aos quatro.

Então, naquele mesmo dia, meu marido precisou ir ao hospital por causa de um nódulo em seu lábio. Naquela manhã, eu escrevera num pequeno pedaço de papel de rascunho as seguintes palavras: "Como lidar com sofrimentos de toda sorte". Eu não sabia de todas as coisas que aconteceriam naquele dia específico. E eu não sei de onde isso veio, senão de Deus, suponho. Como lidar com sofrimentos de toda espécie. Número um, escrevi: "Reconheça-o". Número dois: "Aceite-o". Número três: "Ofereça-o a Deus como um sacrifício". E número quatro: "Ofereça também a si mesma".

Ora, se eu tive uma premonição de que algo sério iria acontecer ou se eu estava apenas revisitando as lições de outros anos, de fato não me lembro. Mas, naquela mesma tarde, o médico nos disse que meu marido tinha câncer. A próxima coisa foi um sangramento em outro local que nada tinha a ver com aquele nódulo. Estávamos cheios de medo, ressentimento e preocupação; tudo era terrivelmente real para ambos e era preciso que fôssemos a Cristo em busca de refúgio.

Você pode imaginar os diálogos que comecei a ter com Deus àquela altura: "Senhor, já não passamos por isso antes? Tu tomaste o marido número um. Agora, Senhor, é certo que não tomarás Ad, não é?". E era como se o Senhor dissesse: "Talvez eu faça isso. Confie em mim". Então eu ti-

85

O **SOFRIMENTO** NUNCA É EM VÃO

nha de começar tudo de novo, pensei, e aprender lições que eu realmente achava que já tinha aprendido muito bem no passado. Eu dizia: "Senhor, acaso fui reprovada no teste? Temos de passar por tudo isso de novo?". E a resposta foi: "Sim, você terá de passar por isso de novo".

E agora, para onde você vai? O que você faz? Você chora. Você ora. Você pergunta: "Por quê?". Porém, depois, há algo muito melhor a fazer que nos é dito neste verso que eu li para você. "Quem me oferece sua gratidão como sacrifício honra-me, e eu mostrarei a salvação de Deus ao que anda nos meus caminhos" (Sl 50.23, NVI). Há um bom número de caminhos sinuosos para aprender a conhecer a Deus. Mas também há alguns atalhos. E eu quero sugerir aqui que a gratidão é um desses atalhos. Apenas comece a agradecer a Deus antecipadamente, pois, não importa o que esteja prestes a acontecer, você já sabe que Deus está no comando. Você não está à deriva num mar de caos.

Então, quais as razões pelas quais ser grata em meio ao sofrimento? Bem, Deus ainda é amor. Nada mudou isso. Deus ainda é Deus. Ele é soberano. Ele tem o mundo inteiro em suas mãos. Ele sabia que meu marido teria câncer naquele dia em particular, ou que nós o descobriríamos naquele dia em particular. Antes da funda-

> *Apenas comece a agradecer a Deus antecipadamente, pois, não importa o que esteja prestes a acontecer, você já sabe que Deus está no comando. Você não está à deriva num mar de caos.*

ção do mundo, ele sabia disso. Então, ele não fora pego de surpresa. O amor ainda deseja minha alegria. Ora, sempre posso agradecer a Deus por tudo isso. Esses são os fatos, ao lado de todas essas outras coisas terríveis com as quais mal podemos lidar. Isso prepara o caminho para que eu possa lhe mostrar a salvação de Deus.

Então, quando voltamos ao médico para lidar com o segundo problema, descobrimos que ele tinha um segundo tipo de câncer. Os dois não tinham nenhuma relação entre si. E, enquanto andávamos pelo estacionamento, meu marido começou a citar o poema de Gray, "Elegy Written in a Country Churchyard" ["Elegia escrita num cemitério campestre"]: "Os sinos tocam o dobre do dia da partida".[3] E eu pude ver que ele já havia assumido uma perspectiva de total desespero. Sua primeira esposa morrera de câncer. Seu pai morrera do mesmo tipo de câncer que ele acabara de descobrir que tinha.

Voltei orando para que Deus me impedisse de chorar, especialmente porque eu iria jantar na casa do meu irmão naquela noite e, pensei, não posso me sentar lá e me derreter em lágrimas. Orei para que ele me livrasse de minhas ansiedades e temores. E que ele também me livrasse de fazer dos meus problemas minha profissão, uma lição que eu aprendera apenas uma semana antes com aquela jovem que tinha o pequeno filho com a séria anomalia cardíaca.

---

3   Thomas Gray, "Elegy Written in a Country Churchyard". Disponível em: https://www.poetryfoundation.org/poems/44299/elegy-written-in-a-country-churchyard.

O **SOFRIMENTO** NUNCA É EM VÃO

Ela disse: "Percebi que podia transformar a doença do meu filho numa profissão. Comecei a orar para que Deus me livrasse disso, a fim de que eu pudesse servir aos outros". Aquela lição havia ancorado fundo no meu coração. Eu mal sabia quão desesperadamente precisaria dela.

> O amor ainda deseja minha alegria.

Então, lembrei-me de uma pequena canção chinesa — não que eu fale chinês, mas ouvi que essa canção era cantada pelos refugiados chineses na Segunda Guerra Mundial. "Não temerei. Não temerei. Olharei para cima, andarei para a frente e não temerei".[4] Então, Deus me lembrou do Salmo 56.3, no qual ele diz: "Em me vindo o temor, hei de confiar em ti". E o Salmo 34.1, que diz: "Bendirei o Senhor em todo o tempo, o seu louvor estará sempre nos meus lábios".

Essa é uma obediência voluntária, consciente e intencional, não é? Eu bendirei ao Senhor, a despeito do que estiver ocorrendo ao meu redor, pois existe aquele outro nível, aquela outra perspectiva, uma visão diferente. As coisas visíveis são transitórias. São as coisas invisíveis que, de fato, são permanentes. O veredito do médico era um fato. Eu tinha de acreditar nele. Mas a Palavra de Deus também era um fato.

---

4   Escrito por Annie Flint Johnson. Disponível em: https://www.hymnal. net/en/hymn/h/678.

GRATIDÃO

Consegui escrever em meu diário as seguintes palavras, as quais eu certamente teria esquecido se não estivessem ali em preto e branco: "Bem e em paz o dia todo". Aqueles eram meus sentimentos. Bem e em paz. Acaso isso faz sentido de qualquer outro ponto de vista, senão da perspectiva da eternidade? Não poderia fazer sentido para mais ninguém. Essa é a razão pela qual não precisamos de explicações; precisamos de uma pessoa. Precisamos de Jesus Cristo, nosso refúgio, nossa fortaleza, a força da nossa vida. E é preciso haver desolação para nos ensinar nossa necessidade dele.

Pense nos milagres que Jesus realizou no Novo Testamento. Se você percorresse todo o Novo Testamento e fizesse uma lista das situações nas quais as pessoas estavam quando Jesus chegava, algumas eram, de fato, triviais. Por exemplo, o anfitrião constrangido nas bodas de Caná, quando o vinho acabou. Ora, as pessoas não precisam desesperadamente de vinho o tempo todo. Acredito que, naquela época, o vinho era realmente um item da cesta básica. Mas você realmente não precisa da segunda rodada numa festa, não é? Contudo, quando o vinho acabou, o primeiro milagre de Jesus foi proporcionar não apenas uma segunda rodada, como também

> *Precisamos de Jesus Cristo, nosso refúgio, nossa fortaleza, a força da nossa vida. E é preciso haver desolação para nos ensinar nossa necessidade dele.*

O **SOFRIMENTO** NUNCA É EM VÃO

um vinho melhor do que aquele que o anfitrião pudera servir na primeira rodada.

Se o vinho não tivesse acabado, as pessoas não estariam preparadas para reconhecer Jesus da maneira como aconteceu. Quando as cinco mil, quinze mil ou vinte mil pessoas necessitaram de comida no monte no qual Jesus havia pregado para elas, os discípulos disseram que precisavam de comida para elas, mas provavelmente elas poderiam ter comido em casa. Não acredito que elas pudessem realmente morrer de fome no caminho da montanha até suas casas. Era algo relativamente pequeno. Mas foi um milagre — e aconteceu naquela situação.

Então, qual é sua condição de necessidade hoje? O vinho acabou? Você está com fome? É algo mais desesperador, como o homem que estivera enfermo por 38 anos, ou o filho que morrera, ou a viúva que perdera seu único filho, ou o bebê que nasceu cego, ou a tempestade que sobreveio e os discípulos, então, pensaram que iram perecer? Qual é sua condição de necessidade? Em que ferida Jesus está pondo o dedo hoje? Talvez seja uma oração não atendida, com a qual você tem batido à porta de Deus por anos a fio, e simplesmente parece que ele não está prestando atenção em você. Talvez seja algum ressentimento profundo em seu coração, pelo fato de alguém tê-la machucado, de alguém ter-lhe feito algo que, humanamente falando, é imperdoável.

Perdão é para delitos reais. Não é como pedir desculpa quando você pisa no pé de alguém por acidente. "Descul-

GRATIDÃO

pe-me" é uma coisa. Mas "Perdoe-me" é para delitos reais. E Jesus vem à nossa vida nessas condições de necessidade. E, se o reconhecermos por causa de nossa necessidade, então poderemos receber seja lá o que ele tenha preparado para nos oferecer: a graça do perdão, a paciência para esperar pela resposta àquela oração, a cura ou a serenidade em meio aos piores momentos de sua vida. Seja o que for, você pode receber e dizer: "Obrigada, Senhor".

Nunca agradeci a Deus pelo câncer. Nunca agradeci a Deus especificamente por alguns índios terem assassinado meu marido. Não penso que precise agradecer a Deus pelo câncer ou pelo assassinato. Mas preciso, sim, agradecer a Deus porque, exatamente no meio daquela situação, o mundo ainda estava nas mãos dele. Aquele que mantém todas as galáxias orbitando no espaço é o mesmo que me sustenta em sua mão. As mãos que foram perfuradas na cruz são as mesmas mãos que sustentam o Sete-estrelo. As mãos que foram impostas sobre o velho João, quando ele estava ali na ilha de Patmos e a voz que era como o som de muitas águas lhe disse: "Não temas. Eu Sou. Eu tenho as chaves".

No começo deste capítulo, mencionei que lhe diria três coisas relevantes para a gratidão em meio ao sofrimento. Não creio que tenha especificado qual seja a terceira, mas já falei sobre ela. A primeira é que a gratidão e a aceitação distinguem o crente. A segunda é que a gratidão honra a Deus. E o terceiro princípio relevante para a gratidão diante do sofrimento vem da segunda metade do mesmo verso que

91

O **SOFRIMENTO** NUNCA É EM VÃO

já mencionei, o Salmo 50.23: "Quem me oferece sua gratidão como sacrifício honra-me, e eu mostrarei a salvação de Deus ao que anda nos meus caminhos" (NVI). A gratidão prepara o caminho. É precisamente nessas situações tão dolorosas — ter o que você não deseja, desejar de todo o seu coração algo que você não tem — que a ação de graças pode preparar o caminho para Deus nos mostrar sua salvação.

Dez semanas depois daquela consulta médica, escrevi em meu diário: "Uma já se foi, faltam 29. Ontem, Ad teve sua primeira sessão de radioterapia. Três minutos e meio sob a mira de uma máquina do tamanho de um vagão, fazendo o barulho de três barcos a motor. Sinais de perigo e alta voltagem pelo corredor, medicina nuclear na porta, sistema de alarme. A neve da manhã sobre o solo. Os arbustos sem folhas contra um céu azul. A pequena silhueta maltrapilha de McDuff [meu cão terrier] correndo pela neve. Tudo isso na ação da máquina de radioterapia e nós, nós mesmos, seguros na mão daquele que sustenta o Sete-estrelo. A mão que agora está novamente estendida sobre nós em amor. E suas amorosas palavras: 'Não temam. Não se atemorizem. Eu sou aquele que morreu. Estou vivo e tenho as chaves'".

Lembrem-se de Elias e de seu servo sentados ali, no monte, e de repente o monte estava cheio de cavalos e carruagens de fogo rodeando Elias. Eles não puderam vê-los, senão com os olhos da fé. Do mesmo modo, você e eu não fazemos ideia do que está acontecendo no mundo invisível; apenas temos uma ideia de que tudo ocorre para nosso

GRATIDÃO

aperfeiçoamento, para nossa plenitude, para nossa bênção final.

Encerro este capítulo com mais um verso dos Salmos, especificamente o Salmo 55.22: "Confia os teus cuidados ao Senhor, e ele te susterá; jamais permitirá que o justo seja abalado". Para minha surpresa e deleite, descobri que a palavra *cuidado* no hebraico é a mesma palavra para *dádiva*. Essa é uma verdade transformadora para mim. Se eu agradecer a Deus por essa mesma coisa que está me matando, posso, vaga e frouxamente, começar a vê-la como uma dádiva. Posso perceber que é precisamente por meio disso, algo tão distante do que eu teria escolhido para mim, que Deus quer me ensinar seu caminho de salvação. Eu tomarei o cálice da salvação e invocarei o nome do Senhor. Eu direi: "Sim, Senhor". Eu direi: "Obrigada, Senhor".

É precisamente nessas situações tão dolorosas — ter o que você não deseja, desejar de todo o seu coração algo que você não tem — **que a ação de graças pode preparar o caminho para Deus nos mostrar sua salvação.**

Oferta

Capítulo 5

Agora, voltamos nossa atenção para a oferta. Se Deus nos concede uma dádiva ou um dom, nunca é para nós mesmas. Sempre é para ser oferecido de volta a ele e, muitas vezes, isso tem repercussão para a vida do mundo. Jesus ofereceu a si mesmo para ser o pão que dá vida ao mundo. Ele disse: "e o pão que eu darei pela vida do mundo é a minha carne" (Jo 6.51). O padrão de um cristão é Jesus. O que ele fez? Ele ofereceu a si mesmo, um sacrifício perfeito e completo, pelo amor de Deus. E você e eu devemos estar preparadas para também sermos pão partido e vinho derramado pela vida do mundo.

Pense nos dons de outros que você conhece e que têm sido uma grande bênção e alegria para você. Penso no

O **SOFRIMENTO** NUNCA É EM VÃO

dom da música. Tenho um sobrinho que é violinista profissional e tem um dom incrível. Ele não toca seu violino só para si, em seu pequeno apartamento. Aquele dom está a serviço do mundo. E creio que, de algum modo, isso é verdadeiro para todos os dons que Deus nos concede, ainda que isso não esteja evidente desde o começo. Entre as grandes dádivas da minha vida, estão meu marido, minha filha, meus netos — e há momentos nos quais posso ser bem egoísta acerca dessas dádivas. Contudo, tenho de reconhecer que eles não são apenas para mim. Ao contrário, também essas dádivas que considero como minhas precisam ser seguradas com uma mão aberta e oferecidas de volta a Deus, juntamente com meu corpo e tudo o que eu sou.

Você está familiarizada com a palavra de Paulo em Romanos 12.1: "Rogo-vos, pois, irmãos, pelas misericórdias de Deus, que apresenteis o vosso corpo por sacrifício vivo, santo e agradável a Deus, que é o vosso culto racional". Gosto particularmente dessa versão, pois traduz a última expressão como algo que se assemelha a "um ato de adoração inteligente". Ora, se eu apresento a Deus meu corpo por sacrifício vivo, então isso inclui tudo o que o corpo contém — meu cérebro, minha personalidade, meu coração, minhas emoções, minha vontade, meu temperamento, meus preconceitos, minhas falhas e todo o resto —, tudo é apresentado a Deus como sacrifício vivo. Deus, afinal, me deu um corpo no qual eu vivo. Começo a ver tudo na minha vida como uma dádiva — e quero realmente dizer tudo.

OFERTA

Isso pode parecer uma completa bobagem para algumas de vocês. Mas espero que, no contexto das coisas que tenho dito, você comece a perceber que tudo pode ser visto como uma dádiva, até mesmo minha viuvez. Comecei a reconhecer muito lentamente, após meu primeiro marido ser assassinado, que era no contexto da viuvez que Deus queria que eu o glorificasse. Não foi ideia minha. Foi algo que Deus não apenas permitiu, mas também, num sentido bem real (que eu comecei a entender aos poucos), me dera por ter em mente algo diferente. E essa foi uma dádiva não apenas para mim, mas também para a vida do mundo, em algum sentido misterioso que eu não preciso entender, pois posso confiar nele.

Sob essa ideia de considerar a forma como uma oferta se relaciona com a ideia de sofrimento, quero considerar três coisas e depois vou expô-las. Em primeiro lugar, tudo é uma dádiva. Em segundo, há diversos tipos de ofertas que posso fazer a Deus. Ou, poderíamos dizer que queremos pensar em uma oferta como um sacrifício e, quando uso a palavra *sacrifício* em relação à minha própria vida, a ênfase não é em perda, desolação ou renúncia. A ênfase é no fato de que Deus me deu algo que posso oferecer de volta a ele. Falaremos disso um pouco depois. E em terceiro lugar, a coisa mais importante é a oferta da obediência.

Ao acordar de manhã, tento manter a prática de fazer de minha oração a primeira atividade do dia. É bom falar com Deus antes de começar a falar com todos os demais.

O SOFRIMENTO NUNCA É EM VÃO

Tento começar minhas orações pela ação de graças. Sempre há uma longa lista de coisas pelas quais alguém deve ser grato. Uma delas é o fato de eu poder me levantar de manhã, poder estar num lugar confortável, olhando para uma bela paisagem. Agradeço a Deus pelo descanso da noite, pela saúde e a força, pelo trabalho a ser feito.

Sou muito grata pelo trabalho. Penso em alguém como Joni Eareckson Tada, e o que Joni não daria para apenas ter uma oportunidade de lavar os pratos, talvez uma única vez, ou fazer o pior dos trabalhos que eu e você podemos odiar. Agradeça a Deus por você poder levantar-se. Eu agradeço a ele por minha casa, por meu marido, por minha saúde, pelo dinheiro que temos, pela comida que temos, pelas roupas para vestir, pelos netos, pela minha filha e assim por diante. E todas vocês têm listas igualmente longas, tenho certeza.

Mas acontece que nem sempre acho fácil incluir nessa lista o espinho na carne, a palavra que meu marido disse e me machucou — afinal, ele faz isso de vez em quando. Sou casada com um pecador. Eu não sei com o que vocês, mulheres casadas, se casaram. Mas, até onde sei, não há de fato nada mais com o que se casar. E, para mim, sempre é um bom exercício lembrar-me de que o coitado do meu marido também se casou com uma pecadora. Então, agradeço a Deus por aquele marido, com suas imperfeições, que nem são tantas assim. Mas agradeço-lhe pelo conjunto particular de dádivas que ele me concedeu naquele homem e que eu posso oferecer de volta a Deus com ação de graças.

Quando José foi levado ao cativeiro, jamais poderia imaginar o que Deus tinha em mente para os anos futuros. Mas, em Gênesis 45.8, lemos as palavras de José para seus irmãos: "Assim, não fostes vós que me enviastes para cá, e sim Deus". Aquilo parecia uma coisa horrenda — irmãos invejosos odiando seu irmão mais novo, desejando livrar-se dele, decidindo matá-lo e, então, percebendo que poderiam ter algum lucro com ele, vendendo-o ao cativeiro. Ele vai para o Egito e é feito escravo. Cedo ou tarde, ele acaba na prisão e mais coisas lhe acontecem. Isso parece uma dádiva de Deus? Contudo, ele diz aos seus irmãos que não foram eles que o enviaram. Fora Deus.

Paulo falou de lhe ter sido dado um espinho na carne. Jesus mencionou o cálice que seu Pai lhe dera. Ora, cada uma dessas coisas representa grande sofrimento; de modo algum são trivialidades. Contudo, José pôde dizer, ao dar ao seu filho o nome de Efraim: "Deus me fez próspero na terra da minha aflição" (Gn 41.52). Não foi a experiência que o transformou. Foi a sua reação. José confiou em Deus. Então, qual é a intenção de Deus quando ele concede algo a você e a mim? Ele está pondo em minhas mãos algo que posso lhe devolver e lhe oferecer de volta com ação de graças.

Lembro-me de quando era criança e quis comprar presentes de Natal para meus pais, mas não tinha nenhuma

O **SOFRIMENTO** NUNCA É EM VÃO

maneira de ganhar dinheiro. Meus irmãos entregavam jornais e ganhavam, talvez, 25 centavos por semana, ou algo do tipo, naqueles dias de recessão. Mas eu dependia de uma mesada. Então, eu não teria absolutamente nada para dar de Natal à minha mãe, se ela não houvesse me dado primeiro. Não é assim que funciona entre nós e Deus? Somos totalmente necessitadas. Tudo o que temos vem dele e não temos nada a oferecer senão aquilo que ele nos deu.

Há uma antiga oração de ação de graças para ser usada no momento do ofertório. Ela diz assim: "Tudo vem de ti, ó Senhor, e de ti mesmo nós te damos". Recebemos dele. Aceitamos o que ele nos dá em nossas mãos. Dizemos: "Obrigada". E, então, oferecemos-lhe de volta. Essa é a sequência lógica de tudo sobre o que tenho falado. Tudo é uma dádiva. Tudo é feito para ser oferecido de volta.

Essa lição se mostrou poderosa, arrebatadora e transformadora no período da doença de meu marido. Eu acordava naquelas altas horas da noite — as quais Amy Carmichael dizia serem as horas em que as lombadas da vida se tornam montanhas —, e minha mente se enchia de vívidos pensamentos sobre as coisas terríveis que estavam para acontecer com meu marido dali até a morte.

A morte era o desfecho indiscutível do quadro do meu marido, medicamente falando. Não havia possibilidade de ele sobreviver. Isso, eu já havia encarado com toda honestidade. Mas os médicos estavam prevendo mutilações medonhas que teriam de realizar nele dali até a morte, e eu

OFERTA

sentia que aquilo era demais para suportar. Naquelas altas horas, eu começava a clamar ao Senhor. Então, ocorreu-me com muita clareza, certa noite, suponho que entre duas ou três horas da madrugada, que minha agonia, minha angústia vicária pelo meu marido, era algo que Deus havia colocado em minhas mãos para que eu oferecesse de volta a ele. Era uma dádiva.

Agora, vamos refletir sobre esse segundo componente da oferta relativa ao sofrimento, a ideia de sacrifício. Há muitas ocasiões na Escritura em que a palavra *sacrifício* é usada. E sacrifícios eram uma parte muito importante da vida dos hebreus nos dias do Antigo Testamento. Os sacrifícios de sangue eram uma ocorrência diária no tabernáculo. E os rituais de sacrifício controlavam a vida do povo como um todo.

O Antigo Testamento também fala do sacrifício de ações de graças, nos Salmos. O verso que me vinha à mente naquelas horas de temor era: "um coração quebrantado e contrito eu não desprezarei" (Sl 51.17, paráfrase da autora). Os sacrifícios a Deus são um espírito quebrantado, "um coração quebrantado e contrito, eu não desprezarei". Estou certa de que algumas de vocês têm um espírito quebrantado, um coração quebrantado. Deus não desprezará essa oferta se é tudo o que você tem a oferecer.

Já me senti como se eu estivesse na penúria, como a viúva de Sarepta. Você se lembra da história de como Elias foi alimentado por corvos durante certo tempo e, en-

O **SOFRIMENTO** NUNCA É EM VÃO

> *Estou certa de que algumas de vocês têm um espírito quebrantado, um coração quebrantado. Deus não desprezará essa oferta se é tudo o que você tem a oferecer (Sl 51.17, paráfrase da autora).*

tão, Deus lhe disse que os corvos deixariam de fazê--lo. E ele desceu até certo lugar chamado Sarepta, onde havia uma viúva que o alimentou. Ora, não acho que possamos sequer começar a imaginar a absoluta desolação de uma viúva naqueles tempos antigos. Mas ela estava entre os mais desamparados e pobres de todos.[1]

Ora, por que no mundo o Deus Todo-Poderoso, que é dono do gado de mil colinas, escolheria uma mulher na penúria para alimentar seu profeta Elias? E você se lembra de que, quando Elias chega a Sarepta, encontra essa mulher à porta, juntando lenha, e lhe pede um copo d'água. Então, ele lhe faz o pedido mais irracional que seria possível imaginar, ao dizer: "faze-me um bolo".

Bem, se ela falasse nossa língua moderna, teria dito: "Você só pode estar brincando. Estou aqui fora, catando dois pedaços de madeira para poder usar o último punhado de farinha e as últimas gotinhas de azeite e assar um pequeno bolo, que é a única coisa que separa a mim e meu filho da morte. Estamos morrendo de fome, e você me pede para lhe assar um bolo?".

---

1   Ver 1 Reis 17.

OFERTA

Mas a mulher reconheceu que aquele era um homem de Deus. Então, para ela, era uma questão de obediência a Deus atender àquele pedido, por isso ela lhe assou o bolo. Ela creu na palavra dele, consistente em que o azeite na botija não faltaria e em que a farinha da panela não se acabaria. O que Deus estava fazendo ao enviar o profeta a essa mulher na penúria? Ele havia posto em suas mãos algo para ser oferecido de volta. Mas que oferta deplorável! Um punhadinho de farinha e umas gotinhas de óleo.

Você se lembra de quando aquele pequeno garoto trouxe seu almoço até Jesus (ou os discípulos arrancaram do menino aquele almoço). Ele tinha cinco pães e dois peixes que os discípulos trouxeram a Jesus e ele os pôs nas mãos de Jesus. Um dos discípulos chegou a perguntar a Jesus que proveito aquela pequena porção de comida faria para tão grande multidão.

Ora, estou falando a algumas de vocês que sentem como se não tivessem absolutamente nada para oferecer a Deus. Talvez você não tenha nenhum grande sofrimento. Você não tem um grande dom. Você chegou por último na fila de entrega dos dons e se sente uma coitada: "Pobre de mim, não sei cantar, nem pregar, nem orar, nem escrever livros, nem consigo ser uma anfitriã para os mais pobres. Realmente não posso servir ao Senhor. Se eu tivesse os dons *daquela pessoa, então* tudo seria diferente".

Não sei com quem estou falando, mas tenho certeza de que aqui há algumas de vocês que estão pensando: "Qual é

O **SOFRIMENTO** NUNCA É EM VÃO

o proveito da minha oferta para essa multidão? Você está me dizendo que eu tenho algo que é importante para a vida do mundo?". E eu respondo: sim, é o que estou lhe dizendo. Pois Deus toma uma viúva que nada tem, Deus toma o almoço de um pequeno garoto, e, porque aquele indivíduo abriu mão, ele transforma isso em algo importante para o bem do mundo.

Eu comecei a ver — de novo, muito vagamente. Por favor, não imagine que eu seja algum tipo de gigante espiritual por ver isso. Foi o Espírito Santo de Deus que me disse: "Dê-me isto. Abra mão. Ofereça ao alto. Um sacrifício. Algo em suas mãos para me entregar". Como uma mãe se sente quando seu pequenino de dois anos entra em casa com uma flor amassada, apertando-a com seu pequenino punho suado, e lhe entrega o que tem em mãos? Isso significa o mundo, porque o amor transforma. É disso que estamos falando. Sofrimento e amor estão intrinsecamente ligados. E, invariavelmente, o amor significa sacrifício.

Falamos sobre o sacrifício de pais e mães. O que dizer do sacrifício de maridos e mulheres? E do sacrifício daqueles que estão preparados para ficar solteiros pelo resto de sua vida para a glória de Deus? Penso em Amy Carmichael. Ela cria que Deus a estava de fato chamando para permanecer solteira — e isso a assombrava. Ela sentia que talvez ficasse desolada com a solidão. E Deus lhe trou-

> *Sofrimento e amor estão intrinsecamente ligados. E, invariavelmente, o amor significa sacrifício.*

OFERTA

xe à mente as palavras do Salmo 34.22: "Nenhum dos que nele confiam será desolado" (tradução livre da versão inglesa KJV). E, daquela oferta, daquele quebrantamento, daquele sacrifício vivo que foi a vida de Amy Carmichael, veio um grande trabalho missionário que durou décadas.

Amy Carmichael, uma mulher solteira, tornou-se mãe de milhares de crianças indianas. Houve uma época em que a família que ela fundou sob o nome de Dohnavur Fellowship — crianças pequenas resgatadas da prostituição cultual — chegou a novecentas pessoas. Ela trabalhou ali por 53 anos. E escreveu estas palavras em um de seus poemas: "Se tua casa ficar mais cheia, Senhor, por ficar um pouco mais vazia a minha casa na terra, que rica recompensa será tal galardão".[2] Você e eu não temos ideia do que Deus tem em mente quando fazemos a oferta. Mas tudo é material em potencial para o sacrifício.

Repetidamente, as pessoas vêm até mim e perguntam: "Como você suporta a solidão?". E eu respondo que não consigo suportar a solidão. Elas perguntam: "Bem, mas você não passou muito tempo sozinha na floresta?", ao que, inevitavelmente, respondo: "Sim, de fato. Eu passei muito mais anos sozinha do que casada". E elas replicam: "Então, como você suportou?". E eu, novamente, respondo: "Eu não suportei. Eu não conseguiria. Eu entreguei tudo a alguém

---

2 Galardão é uma recompensa ou algo pelo que se faz compensação. Amy Carmichael, "Let me not Shrink", em Mountain breezes: The Collected Poems of Amy Carmichael.

O **SOFRIMENTO** NUNCA É EM VÃO

que pode suportar". Em outras palavras, minha solidão se tornou minha oferta.

Então, se Deus nem sempre remove o sentimento de solidão, é para que, a cada minuto de cada dia, talvez, eu tenha algo para oferecer a ele e dizer: "Senhor, aqui está. Não consigo suportar isso". Não sei quais são as emoções que você talvez não suporte, mas creio que cada uma de nós conhece algo acerca da solidão. As solteiras sempre imaginam que pessoas casadas não se sentem solitárias, mas eu posso lhes assegurar que existem diferentes tipos de solidão.

Jamais me esqueci do que uma missionária palestrante me disse na capela, quando eu ainda era uma estudante. No Wheaton College, nós tínhamos capela obrigatória cinco vezes por semana. Por isso, ouvimos centenas de preletores e não lembramos praticamente nada da maioria deles. Mas jamais me esqueci do que essa mulher falou. Ela falou sobre o pequeno garoto que levou seu almoço para Jesus. E ela disse: "Se minha vida estiver despedaçada quando entregue a Jesus, pode ser porque os pedaços alimentam uma multidão, enquanto um pão inteiro iria satisfazer apenas um pequeno garoto".

O que você tem em mãos para ofertar a ele? É uma dádiva que você reconhece como um dom, um talento, por exemplo? É a disposição de ser mãe e suportar as críticas daquelas mulheres que dizem que até uma mulher com meio cérebro entregaria seus filhos aos cuidados de outrem e sai-

OFERTA

ria em busca de fazer algo "gratificante"? É a disposição de ser criticada pelo restante do mundo pelo que você decidiu fazer por causa de Jesus? É a disposição de passar despercebida, de ser negligenciada?

Sabe, costumamos ter uma ideia muito distorcida da palavra *ministério*. Pensamos que um ministério significa apenas uma lista bem curta de atividades: pregar, cantar, fazer um seminário, escrever um livro, ensinar numa classe de escola dominical. É claro que isso é ministério. São formas de serviço. Mas a palavra ministério apenas significa *serviço*. E serviço é uma parte de nossa oferta a Deus.

As pessoas pensariam em meu ministério como meu trabalho missionário, meus escritos, minhas palestras. Mas, sabe, eu não passo a maior parte da vida de pé numa tribuna. Passo a maior parte da vida sentada a uma escrivaninha, de pé na pia, em frente a uma tábua de passar, indo ao mercado, sentada em aeroportos, fazendo um monte de coisas pelas quais não espero ganhar medalha alguma — momentos para serem oferecidos a Jesus. Faça a próxima coisa.

Isso nos leva ao terceiro componente da oferta em relação ao sofrimento: a oferta da obediência. Quando Tom, meu irmão, era um garotinho com cerca de três anos, uma de suas brincadeiras preferidas era pegar todas as sacolas de papel no armário da cozinha, onde minha mãe as mantinha, e espalhá-las todas pelo chão. Bem, minha mãe deixava Tom fazer isso. Ele era o número cinco. Eu era a filha nú-

107

O **SOFRIMENTO** NUNCA É EM VÃO

mero dois. Eu não acho que sairia impune se agisse daquela forma. Mas, àquela altura, minha mãe havia aprendido um monte de coisas — e tenho certeza de que ela estava cansada.

Ela lhe disse que ele poderia fazer aquilo sob uma condição: que ele colocasse as sacolas de volta no armário antes de sair da cozinha. Bem, ele entendeu isso perfeitamente. Em geral, as crianças entendem muito mais do que pensamos. Então, um dia, ela veio à cozinha e ali estavam as sacolas todas espalhadas pelo chão, mas não havia sinal de Tom. Então, ela o encontrou na sala de estar, onde meu pai estava ao piano, tocando hinos. E minha mãe disse: "Tommy, quero que você venha guardar as sacolas no armário". E ele olhou para cima, com o sorriso da mais inocente e angélica doçura, e disse: "Mas eu quero cantar 'Jesus me ama'!". E meu pai parou de tocar piano e aproveitou a oportunidade para ressaltar uma lição profunda: obedecer é melhor que sacrificar.

Não é bom cantar "Jesus me ama" quando você está desobedecendo à sua mãe; a mais sublime forma de adoração é a obediência. O que tenho para oferecer a Deus que seja mais importante do que minha obediência? Há uma grande lição sobre isso no livro de Ezequiel, escondida lá no capítulo 24, começando no versículo 16. Deus disse ao filho do homem: "Eis que, com um só golpe, tirarei aquela que é a delícia dos seus olhos. Você não deve lamentar, nem chorar, nem derramar lágrimas. Sofra em silêncio; não faça

OFERTA

lamentação pelos mortos. Prenda o seu turbante; ponha a sandália nos pés; não cubra o bigode, e não coma o pão que lhe mandarem" (Ez 24.16-17, NAA). Em outras palavras, esqueça todos os sinais rituais de luto. Então, Ezequiel responde: "Falei ao povo pela manhã, e à tarde a minha mulher morreu. Na manhã seguinte, fiz como me havia sido ordenado" (Ez 24.18, NAA). Essa é uma descrição bem curta de algumas coisas muito importantes! À tarde minha mulher morreu; e, na manhã seguinte, fiz como me foi mandado.

Descobri que não existe consolo algum que se equipare à obediência. E, quando eu tentava oferecer meus sentimentos a Deus naquelas altas horas da madrugada, eu agradecia a ele quando chegava a hora de me levantar, pois havia todo tipo de coisas simples, ordinárias, "pé no chão" para fazer. Faça a próxima coisa.

Deus deu à viúva de Sarepta, ao pequeno garoto e a Ezequiel algo para ser entregue de volta a ele, algo que teria muita importância para outras pessoas. Deus capacitou Ezequiel a lhe ofertar sua tristeza, a se levantar e fazer o que lhe fora mandado pela vida do mundo. Não era apenas em Ezequiel que Deus estava interessado ali. Deus queria fazer de Ezequiel pão partido e vinho derramado pela vida do mundo.

Permita-me perguntar a você: quem são as pessoas que tiveram a mais profunda influência em sua vida? Aqueles que mais profundamente influenciaram minha vida são, sem exceção, pessoas que sofreram, pois foi precisamente

O SOFRIMENTO NUNCA É EM VÃO

em seu sofrimento que Deus refinou o ouro, temperou o aço, moldou o vaso, partiu o pão e fez daquela pessoa algo para alimentar uma multidão — do que eu tenho sido uma dentre os beneficiários.

Certa vez, recebi uma carta admirável de uma mulher, uma mulher mais velha que me contou que seu pai morrera durante a Grande Depressão, quando ela ainda era bem pequena. Nenhum de seus amigos foi ao funeral. Ela teve de usar um vestido emprestado. A casa foi hipotecada. Sua mãe se viu viúva com sete filhos. E o advogado que deveria cuidar dos assuntos financeiros da família roubou-lhe a herança. E a senhora disse isto: "Quando voltamos para casa depois do funeral, minha mãe pegou uma vassoura e começou a varrer a cozinha. Agora, olho para trás e percebo que foi o som suave daquela vassoura pelo chão que iniciou o processo de cura. Minha mãe era uma mulher na penúria. E, quando as pessoas, anos depois, lhe perguntavam como ela conseguira superar, ela simplesmente respondia: 'Eu orei'". Bem, ela não apenas orou. Ela orou e fez a próxima coisa. Ela pegou a vassoura.

Então, hoje, eu digo a você: Deus pôs algo em sua mão que você pode aceitar. Você pode dizer: "Obrigada, Senhor". E, então, pode oferecer de volta a ele. Permita-me apresentar-lhe mais um verso que me encoraja tremendamente. O Salmo 119.91 diz: "Conforme as tuas ordens, tudo permanece até hoje, pois tudo está a teu serviço" (NVI).

OFERTA

O que está havendo na sua vida hoje? É algo bom? Então, é fácil agradecer a Deus, não é? É algo ruim? Será que você consegue se lembrar de que, neste dia, como em qualquer outro dia, as ordenanças de Deus permanecem de pé? Essas realidades eternas são inabaláveis. Sua Palavra é infrangível. Um dia, o mundo e todos os seus desejos cobiçosos passarão. O homem que está seguindo a vontade de Deus é parte do que é permanente e não pode morrer. Encorajo você a fazer uma oferta de seus sofrimentos.

Ugo Bassi disse isto: "Meça sua vida pela perda, não pelo ganho; não pelo vinho bebido, mas pelo vinho derramado. Pois o poder do amor está no sacrifício do amor; e aquele que mais sofreu tem mais para dar".[3]

> **Descobri que não existe consolo algum que se equipare à obediência.**

---

3 Sermão por Ugo Bassi, fonte desconhecida.

Transfiguração

CAPÍTULO 6

Em 1820, havia uma bebezinha de seis semanas de idade que tinha uma inflamação nos olhos. O médico aplicou-lhe cataplasma quente e lhe queimou as córneas, de modo que a criança ficou cega por toda a vida. Quando tinha nove anos, ela escreveu estas palavras: "Oh, que alma feliz eu sou, apesar de não poder ver! Decidi que, neste mundo, contente devo ser. Tantas bênçãos desfruto que outros não possuem. Chorar e lamentar por ser cega, não posso e não o farei".[1]

E essa menininha cresceu para escrever oito mil hinos — entre eles, "To God Be the Glory" ["A Deus, a glória"],

---

1 Fanny J. Crosby, Memories of eighty years. Boston: J. H. Earle & Co., 1906, pp. 25-26. Disponível em https://archive.org/details/memoriesofeighty00cros/page/n9.

"Blessed Assurance" ["Bendita segurança"], "Rescue the Perishing" [Resgata os que perecem], "Face to face" ["Face a face"]. O nome dela é Fanny Crosby. Eu ouvi a história de Fanny Crosby anos atrás, mas não li aquele breve poema senão anos depois, aquele que ela escreveu aos nove anos. "Chorar e lamentar por ser cega, não posso e não o farei". Amo esse verso.

E há um versículo em Isaías 58 que conecta perfeitamente o que eu disse sobre a oferta no capítulo anterior com o que eu quero abordar agora com você. Transfiguração. Estas são as palavras de Isaías 58.10-11: "Se abrires a tua alma ao faminto e fartares a alma aflita, então, a tua luz nascerá nas trevas, e a tua escuridão será como o meio-dia. O Senhor te guiará continuamente, fartará a tua alma até em lugares áridos e fortificará os teus ossos; serás como um jardim regado e como um manancial cujas águas jamais faltam".

Aqui se articula um princípio profundo sobre o qual quero falar. Dei-lhe um título com uma única palavra: *transfiguração*. Optei por essa palavra em vez de *transformação*. Ambas são praticamente idênticas. Mas eu amo a palavra "transfiguração" porque ela sugere um aspecto de glória que nem sempre está envolvido na palavra "transformação".

Transfiguração. Você se lembra da história de Jesus, no monte, quando ele foi transfigurado. As duas coisas — sofrimento e glória — se conectam porque era sobre o sofrimento que Moisés e Elias falavam quando Jesus foi

TRANSFIGURAÇÃO

transfigurado. E esse versículo de Isaías fala sobre abrir a alma ao faminto e receber, em troca, a satisfação de suas próprias necessidades, uma espécie de força muscular. Você será como um jardim regado, como um manancial cujas águas jamais faltam.

Acredito que Fanny Crosby, aos nove anos, começara a vislumbrar o fato de que há mais alegria em dar do que haveria em receber. E ela foi pão partido e vinho derramado pela vida do mundo. Só Deus conhece o efeito cascata da obediência de Fanny Crosby ao oferecer a si mesma. Lemos em Provérbios 11.25: "A alma generosa prosperará, e quem dá a beber será dessedentado". Estou certa de que todas de nós que já experimentamos essa terapia descobrimos que é algo extremamente eficaz.

A ideia de transfiguração decorre naturalmente da aceitação, da gratidão e da oferta. Quando recebemos aquilo que Deus quer nos dar, quando lhe damos graças por isso e quando fazemos disso uma oferta de volta a Deus, então é isto que vai acontecer: transfiguração, o grande princípio de troca que é o princípio central da fé cristã: a cruz. De fato, a cruz é um símbolo de sofrimento. De fato, Jesus disse que você deve tomar sua cruz.

Há certos tipos de sofrimento que jamais teríamos de suportar se não fôssemos crentes. Lemos que, por meio de muitas tribulações, devemos entrar nos céus. E Jesus explicou que, se somos suas seguidoras, então outras pessoas vão nos capturar, prender, levar ao tribunal e até chegará o

O **SOFRIMENTO** NUNCA É EM VÃO

dia em que nos matarão e pensarão, com isso, estar fazendo um favor a Deus. Ele nos disse essas coisas para que, quando ocorrerem, nossa fé nele não seja abalada. Se sua fé repousa na ideia de como Deus deveria responder às suas orações, em sua ideia do céu na terra, em sua utopia, ou seja lá o que for, então esse tipo de fé será muito instável e está fadada a ser derrubada quando as tempestades da vida a atingirem. Mas, se sua fé repousa no caráter daquele que é o eterno Eu Sou, então é uma fé robusta e vai perdurar.

Estou profunda e dolorosamente ciente do fato de que esta mensagem sobre o sofrimento está apenas arranhando a superfície. E penso nas palavras de um místico da antiguidade que disse que Deus é uma montanha de milho da qual eu, como um pardal, colho um único grão. Isso descreve o que eu terei logrado fazer, se é que logrei alguma coisa. Talvez tenhamos colhido um único grão, apenas o suficiente para saciar a fome de uma pequena ave em meio a essa imensa montanha de milho que é a realidade do próprio Deus.

Refletimos sobre a verdade, a terrível verdade, a mensagem, os temas da aceitação, da gratidão e da oferta. Agora, falemos sobre a transfiguração. Mais uma vez, eu lhe darei três princípios que conectam a transfiguração ao sofrimento. Dessa vez, eu a ajudarei ao empregar aliteração. Não me esforço muito para usar pontos aliterados, mas aconteceu aqui de termos três Ps: o princípio, a perspectiva e os paradoxos.

TRANSFIGURAÇÃO

O primeiro princípio é aquele da cruz: a vida vem por meio da morte. Trago a Deus minhas tristezas e ele me dá sua alegria. Trago-lhe minhas perdas e ele me dá seu ganho. Trago-lhe meus pecados e ele me dá sua justiça. Trago-lhe minhas mortes e ele me dá sua vida. Mas a única razão pela qual ele pode me dar sua vida é porque me deu sua morte.

Ora, essas coisas ocorrem o tempo todo, não apenas na vida espiritual, mas também no mundo natural. Jesus usou uma ilustração bastante simples do mundo natural num incidente ocorrido logo após sua entrada em Jerusalém, quando ele foi aclamado com ramos de palmeiras e gritos de "Hosana!", e, então, dois dos discípulos vieram a ele e lhe contaram que alguns gregos ali queriam vê-lo, por terem ouvido acerca da ressurreição de Lázaro dentre os mortos.

Bem, todas nós amamos milagres e todas nós amamos um fazedor de milagres. Se você quer ser popular, realize quantos milagres puder, na mídia mais visível que puder, e o povo correrá para você. O povo correu para Jesus, disse ele, não por causa das palavras que ele disse, mas por causa dos pães e dos peixes. Nesse caso, a ressurreição de Lázaro foi a palavra que se espalhou. Então, as pessoas se aglomeravam em Jerusalém para ver o tal homem e os discípulos vieram e contaram a Jesus que eles queriam vê-lo.

Jesus aproveitou a oportunidade para virar de ponta-cabeça a ideia que os discípulos tinham da glória. O mundo tem uma ideia do que é importante, do que realmente é a glória de Deus. Faça todos os milagres que puder, resolva

O **SOFRIMENTO** NUNCA É EM VÃO

todos os problemas, cure as doenças, pague as dívidas, e essa é a glória de Deus. E é claro que eu creio num Deus que pode fazer o sol parar. Ele pode transformar água em vinho e abrir terra seca em meio aos rios. Não me entenda mal.

Mas, quando ouço um pregador dizer que o que você precisa é de um milagre, minha vontade é dizer: "Talvez eu pense que é disso que preciso, mas, muitas vezes, minhas orações são como pedir pedras. E o que Deus quer me dar é pão, algo que não apenas me servirá de alimento, como também alimentará o mundo". Então, eu posso orar. Posso até orar por um milagre. Em verdade, não creio que tenha feito isso muitas vezes. Mas, quando orava pela cura do câncer do meu marido, eu sabia que estava orando por um milagre, humanamente falando. Mas a conclusão da oração era: "Senhor, seja feita a tua vontade".

Precisamos rever nossas definições, assim como os discípulos precisavam que sua definição da glória fosse corrigida e virada de ponta-cabeça. Jesus disse: vou mostrar-lhes o que é a glória. Ele disse: "É chegada a hora de ser glorificado o Filho do Homem. Em verdade, em verdade vos digo: se o grão de trigo, caindo na terra, não morrer, fica ele só; mas, se morrer, produz muito fruto" (Jo 12.23-24). Ora, esse é o princípio da cruz. Ele estava em seu caminho até a cruz. Acaso há algo mais insignificante e banal do que uma semente? Se você já viu um grão de trigo, todos os grãos de trigo são iguais. Se você já viu um grão, uma semente, uma semente de maçã, é tudo igual. Então, não há nada de particularmente distinto e notável em uma semente.

TRANSFIGURAÇÃO

E, quando aquela semente cai no solo, ela já se foi. Talvez ela nunca mais seja vista. Mas nós sabemos, com toda a certeza, que nada pode vir daquela semente a menos que ela caia no solo, na escuridão, no desconhecido, na ignomínia e na morte. Mas, daquela semente, então, vem a grande colheita, o grão dourado. Então, esse é o princípio da troca. Eu lhe dou minhas mortes, ele me dá sua vida; minhas tristezas, ele me dá alegria; minhas perdas, ele me dá seus ganhos. Esse é o grande princípio da cruz.

> Eu lhe dou minhas mortes, ele me dá sua vida; minhas tristezas, ele me dá alegria; minhas perdas, ele me dá seus ganhos. Esse é o grande princípio da cruz.

Sei que algumas de vocês conhecem a história de quando George Mathison, compositor de hinos, ficou noivo. Durante o noivado, ele ficou cego, e sua noiva, sem querer sobrecarregar-se com os cuidados de um homem cego, terminou o noivado. E foi então que George Mathison escreveu estas lindas palavras: "Amor, que nunca me abandonas, em ti repouso a fraca alma; a vida que tenho te entrego de volta" — e aqui vemos a sua oferta — "a vida que tenho te entrego de volta, para que, nas profundezas do teu oceano, seu curso possa ser mais rico e pleno".[2]

---

2 Sermão escrito por George Mathison. Disponível em: https://www.sermonwriter.com/hymn-stories/o-love-wilt-not-let-go/ [N. T.: Há uma versão desse hino em português ("Amor que vence", Hinário Novo Cântico, nº 260), mas a mensagem dessa primeira estrofe do original não se encontra nessa versão].

O **SOFRIMENTO** NUNCA É EM VÃO

Penso nas palavras que meu primeiro marido, Jim Elliot, escreveu quando tinha 22 anos. "Não é tolo quem entrega o que não pode reter para ganhar o que não pode perder". Ele estava parafraseando as palavras de Jesus: "Se você perder a sua vida por minha causa, você a encontrará" (Mt 10.39, paráfrase da autora). Ele troca as minhas fraquezas, minhas perdas, meus pecados, minhas tristezas, meus sofrimentos. Quando oferecemos tudo isso a ele, ele tem para nos dar em troca algo que pode alimentar uma multidão.

Então, o princípio da troca é o princípio da cruz. E esse princípio remonta a um período anterior à fundação do mundo. O Cordeiro foi morto. O sacrifício de sangue foi feito na mente de Deus antes que houvesse tal coisa como o pecado. Sacrifício, sofrimento e glória. Não há como escapar deles.

Nós moramos na Nova Inglaterra, onde as pessoas amam os meses de setembro e outubro. Lars sempre lamenta quando eles se aproximam, pois, como um homem do sul dos Estados Unidos, ele acha que os invernos são longos demais. Mas eu amo essa época, quando as bolotas do carvalho começam a cair, pois, para começar, nós temos as cores mais espetaculares do país inteiro, pois temos aqueles bordos-açucareiros, árvores que ficam escarlates, salmões, lilases e cores inimagináveis. Mas a glória do outono é um símbolo da morte. Aquele vermelho escarlate me faz lembrar de sangue, que é o símbolo da morte.

TRANSFIGURAÇÃO

Se os carvalhos não renunciassem a todas aquelas sementes preciosas, aquelas bolotas, elas nunca cairiam no solo e não morreriam, de modo que não mais haveria carvalhos, e os esquilos morreriam de fome. Tudo aquilo que você e eu comemos significa que algo, de algum modo, morreu. Até um ovo, um copo de leite, a galinha e a vaca não morreram, mas deram sua vida, não foi? E praticamente tudo o mais à mesa nos ensina que algo morreu, tanto grãos de cereais como animais. Assim, a vida vem da morte. É o princípio do universo, o princípio da troca. Até mesmo as estrelas morrem. Estamos aprendendo cada vez mais sobre isso, essas descobertas fascinantes que os astrônomos têm anunciado.

Mas há um versículo escondido em 2 Crônicas 29.27 que tem sido de grande encorajamento e ânimo para mim, desde que o descobri, quando estava no último ano da faculdade. Eu estava morta de preocupação por estar apaixonada por alguém que eu não achava que iria se apaixonar por mim; e eu pensava em quão tola eu era apenas por nutrir alguma esperança por aquele rapaz. Então, lancei meus sentimentos no altar de Deus. Não consigo suportar muitas de minhas emoções. Então, simplesmente digo: "Senhor, aqui está. Toma para ti e faz disto o que puderes. Se podes fazer algo do pequeno almoço de um garoto e da botija de azeite de uma viúva, então talvez possas fazer algo com isto".

Assim, lancei a Deus todas aquelas paixões, aquele verdadeiro tornado de paixão que eu sentia por aquele jo-

O **SOFRIMENTO** NUNCA É EM VÃO

vem rapaz, cujo nome, por sinal, era Jim Elliot. E Deus me deu este versículo: "Em começando o holocausto, começou também o cântico ao Senhor" (2Cr 29.27). Não é fantástico? Funciona. Quando o sacrifício começou, o canto do Senhor também teve início. A referência é apenas ao ritual literal do sacrifício. Contudo, tem implicação para nossa vida espiritual, não é?

Agora, vamos olhar por essa perspectiva, o segundo princípio da transfiguração associado ao sofrimento. Nossas perspectivas precisam ser transfiguradas, transformadas em algo que tenha a glória em si. E aquele maravilhoso capítulo em Hebreus 11 me ensina muitas coisas sobre perspectiva. No versículo 13, depois de atravessar as histórias de Abel, Enoque, Noé, Abraão e Sara, todas essas coisas impossíveis que eles fizeram pela fé, o texto diz: "Todos estes morreram na fé, sem ter obtido as promessas; vendo-as, porém, de longe, e saudando-as, e confessando que eram estrangeiros e peregrinos sobre a terra". Aqueles que usam essa linguagem mostram claramente estar à procura de sua pátria. Se o coração deles estivesse na pátria de onde saíram, teriam a oportunidade de voltar. Porém, nós os vemos aspirando a uma pátria superior. E acaso há algo que faz você aspirar por aquela pátria superior com mais intensidade do que enfrentar sofrimentos de um tipo ou de outro?

Até mesmo quando minha pobre netinha sofria pelo fato de ter sido disciplinada três vezes no mesmo dia, quando ela disse: "Ah, se ao menos Adão e Eva não tivessem

TRANSFIGURAÇÃO

pecado!". Até mesmo quando a máquina de lavar apresenta um defeito no exato momento em que temos visita em casa, quero dizer, de certo modo você, àquela altura, anseia por uma pátria superior, não é?

Então, vemos no versículo 27 daquele mesmo capítulo de Hebreus, acerca de Moisés: "Pela fé, ele abandonou o Egito, não ficando amedrontado com a cólera do rei; antes, permaneceu firme como quem vê aquele que é invisível". Essa é uma perspectiva transfigurada. Então, se voltarmos ao versículo 20 de Hebreus 11, vemos que, "pela fé, igualmente Isaque abençoou a Jacó e a Esaú, acerca de coisas que ainda estavam para vir". Uma perspectiva transfigurada.

Agora, uma coisa é enxergar sob aquela perspectiva a vida dos outros, não é? Você acha mais fácil enxergar a vontade de Deus em ação na vida de outra pessoa do que na sua? Você gostaria de ler a história de Daniel sem a cova dos leões? É claro que não, pois nós sabemos o final da história. Pois bem, nós, cristãs, temos todo esse livro cheio de histórias maravilhosas como essa, e o final de cada uma delas é sempre o mesmo. Sempre termina em glória.

Você gostaria de ler a história de José sem todas as suas provas e tribulações, sem ele ser lançado na cisterna? O que você saberia acerca de Sadraque, Mesaque e Abede-Nego se eles jamais tivessem sido lançados na fornalha ardente? A bênção da vida de Fanny Crosby foi grandemente amplificada por sabermos que as palavras daqueles belos hinos evangélicos vêm de uma mulher que jamais viu a luz

O SOFRIMENTO NUNCA É EM VÃO

do dia, ou pelo menos jamais se lembra de tê-la visto desde as seis semanas de idade. Tudo se transfigura na vida deles por sabermos o fim da história.

Lembro-me de quando Jeannette Clift George fez o papel de Corrie Ten Boom no filme *O refúgio secreto*. Ela foi entrevistada em um dos programas de Billy Graham. Ele lhe perguntou qual característica mais a impressionara enquanto ela estudou a vida de Corrie Ten Boom. E, sem hesitação, a resposta de Jeannette foi: "Alegria". E todos aqueles que viram Corrie Ten Boom, pessoalmente ou nas telas, viram uma radiante face idosa inundada com a alegria do Senhor.

Ora, de onde vinha toda essa alegria? Será que tudo na vida dela se desenrolou tão lindamente? Será que ela teve uma vida feliz, no sentido que o mundo definiria felicidade? É claro que não. A perspectiva dela foi transfigurada. E ela, ela mesma, foi transfigurada para o benefício de todas nós. Nós recebemos, na face de Corrie Ten Boom, um sinal visível de uma realidade invisível — outra pátria, outro nível, outra perspectiva.

Paulo foi capaz de cantar na prisão. E ele escreveu aquelas epístolas da prisão, as quais estão cheias de alegria. O livro de Filipenses é considerado a epístola da alegria. E ele escreveu aquelas palavras deslumbrantes que estão em Filipenses 1.29, palavras muito fortes para mim. Ele disse: "Porque vos foi concedida a graça de padecerdes por Cristo e não somente de crerdes nele". Vocês receberam uma dádiva de sofrimento.

TRANSFIGURAÇÃO

Então, também em Colossenses 1.24, há este versículo ainda mais forte e deslumbrante: "Agora, me regozijo nos meus sofrimentos por vós". Soa afetado e sem sentido, não é? Até ele prosseguir e dizer: "e preencho o que resta das aflições de Cristo, na minha carne, a favor do seu corpo, que é a igreja". Para mim, em toda a Escritura, essa é a declaração mais profunda acerca do tema que temos discutido, o sofrimento humano. Não podemos sequer nos aproximar das declarações acerca dos sofrimentos de Cristo.

Mas Paulo está na prisão e diz: "Sofrer é uma alegria para mim, pois esse é meu modo de ajudar a preencher minha pobre carne humana". Suponho que Paulo estava acorrentado entre dois soldados. Você consegue imaginar o desconforto da situação, sem falar na falta de privacidade, 24 horas por dia? Mas, em sua pobre carne humana, de alguma maneira muito misteriosa que não posso sequer explicar a você, embora eu creia nisso, ele diz: "Estou ajudando a completar a medida das aflições de Cristo que ainda precisam ser suportadas por causa de seu corpo, a igreja".

Sei que algumas de vocês aí sentadas estão dizendo: "Mas o que isso tem a ver com meus sofrimentos? Meus sofrimentos não são pela causa do evangelho". E, por anos a fio, sempre morri de preocupação ao pensar que, de fato, nunca tive um sofrimento que fosse diretamente por causa do evangelho. Até a morte de meu primeiro marido, Jim, que tentou levar o evangelho a algumas pessoas, não decorreu literalmente da palavra de seu testemunho. Ele não che-

125

O **SOFRIMENTO** NUNCA É EM VÃO

gou a dizer nem uma palavra sequer àqueles índios. Eles não faziam a menor ideia da razão de ele estar lá e presumiram que ele era um canibal. Então, acharam melhor atacá-lo em autodefesa, antes de serem devorados por ele.

Então, por anos a fio, fiquei refletindo a esse respeito. E cheguei à conclusão de que há aqui um mistério muito mais profundo do que o fato de Paulo estar literalmente sofrendo na prisão por causa de seu testemunho. Cristo sofre em mim. Se eu sofro por ser um membro do seu corpo, posso ser um membro ferido, mas ele sofre comigo, por mim e em mim. E, quando eu sofro, ele sofre. Cristo sofreu na cruz. Ele levou sobre si todos os meus pecados, todas as minhas dores e todas as minhas tristezas. Contudo, há uma medida ainda a ser preenchida. Eu não entendo. Simplesmente afirmo. Eu o aceito.

Por fim, olhemos para os paradoxos em sua relação com a transfiguração e o sofrimento. Precisamos de uma visão transfigurada desses paradoxos. As metáforas bíblicas para o sofrimento falam de uma poda. O melhor fruto vem por meio da mais drástica poda. O mais puro ouro vem do fogo mais ardente. Eu certamente aprendi as lições mais profundas da minha vida ao passar pelas águas mais profundas. E as

> *Ele levou sobre si todos os meus pecados, todas as minhas dores e todas as minhas tristezas. Contudo, há uma medida ainda a ser preenchida. Eu não entendo. Simplesmente afirmo. Eu o aceito.*

TRANSFIGURAÇÃO

maiores alegrias vêm das maiores tristezas. A vida vem da morte.

Pensemos em Maria. É provável que ela fosse apenas uma adolescente que, em sua humildade e pobreza, ofereceu a si mesma, seus planos, suas esperanças, seus temores do que pensariam dela se parecesse que ela fora infiel ao seu noivo, José. Sua resposta imediata à palavra de Deus foi: "Aqui está a serva do Senhor; que se cumpra em mim conforme a tua palavra" (Lc 1.38). E foi desse sacrifício, dessa oferta de si mesma, que nasceu o Salvador do mundo. Transfiguração. Ela foi chamada a mais exaltada entre as mulheres, a mais exaltada de todas. Isso veio da humildade. Se você perder sua vida por causa dele, você a encontrará.

Não há, de fato, uma só obra redentora que tenha sido realizada sem sofrimento. E Deus nos chama para permanecermos junto a ele, para lhe oferecermos nossos sofrimentos para sua transfiguração e para preencher nossa pobre carne humana. Se não me for dado o privilégio de ser crucificada, se não me for dado o privilégio de ser martirizada de alguma forma, de alguma forma literal para Deus, é-me dado o privilégio de oferecer a ele seja lá o que ele me houver dado. Ofereço a ele tudo o que sou, tudo o que tenho, tudo o que faço e tudo o que sofro, por sua transformação, por sua transfiguração, para trocar pela vida do mundo. Isso é tudo o que importa.

Você pode estar sofrendo na condição de mãe por seu filho a haver rejeitado. Você pode estar sofrendo como filha, por sua mãe tê-la rejeitado trinta anos atrás. Exatamente agora, temos um rapaz vivendo em nossa casa, um estudante, que foi rejeitado aos dez meses de idade por seu pai e por sua mãe. Foi colocado numa casa de acolhimento, onde permaneceu por 15 anos.

Eu fiz uma lista desses maravilhosos paradoxos. Aqui estão algumas coisas que a Escritura diz que Deus transforma. A terra seca em pastos verdejantes. Desertos em mananciais. O perecível no imperecível. Fraqueza em força. Humilhação em glória. Pobreza em riqueza. Mortalidade em imortalidade. Este corpo frágil num corpo resplandecente. Pranto em óleo de alegria. Meu espírito angustiado, ele troca por veste de louvor. E uma bela coroa em vez de cinzas.

Em Apocalipse 7.16-17, lemos: "Jamais terão fome, nunca mais terão sede, não cairá sobre eles o sol, nem ardor algum, pois o Cordeiro que se encontra no meio do trono os apascentará e os guiará para as fontes da água da vida. E Deus lhes enxugará dos olhos toda lágrima".

Para encerrar, gostaria de mostrar a você um poema escrito por Grant Colfax Tuller. "Minha vida é apenas uma tapeçaria entre mim e meu Senhor; eu não escolho as cores, ele trabalha incansavelmente. Muitas vezes, ele tece tristeza e eu, em tolo orgulho, esqueço que ele vê o lado certo; e eu, apenas o avesso. Apenas quando o tear ficar mudo e as lançadeiras cessarem de esvoaçar, então Deus desenrolará a tela e me explicará a razão de tudo. Nas habilidosas mãos do

Tapeceiro, os fios escuros são tão necessários para a composição que ele planejou quanto fios dourados e prateados".[3]

Tudo o que acontece se encaixa nessa composição para nosso bem. O sofrimento nunca é em vão.

> Não há, de fato, nenhuma obra redentora que jamais tenha sido **realizada sem sofrimento.**

---

3   Disponível em: https://hymnary.org/person/Tullar_Grant.

O Ministério Fiel visa apoiar a igreja de Deus, fornecendo conteúdo fiel às Escrituras através de conferências, cursos teológicos, literatura, Ministério Apoie um Pastor e conteúdo on-line gratuito.

Disponibilizamos em nosso site centenas de recursos, como vídeos de pregações e conferências, artigos, e-books, audiolivros, blog e muito mais. Lá também é possível assinar nosso informativo e se tornar parte da comunidade Fiel, recebendo acesso a esses e outros materiais, além de promoções exclusivas.

Visite nosso site

www.ministeriofiel.com.br

Esta obra foi composta em Chaparral Pro Regular 11,42, e impressa
na Promove Artes Gráficas sobre o papel Apergaminhado 70g/m²,
para Editora Fiel, em Maio de 2025